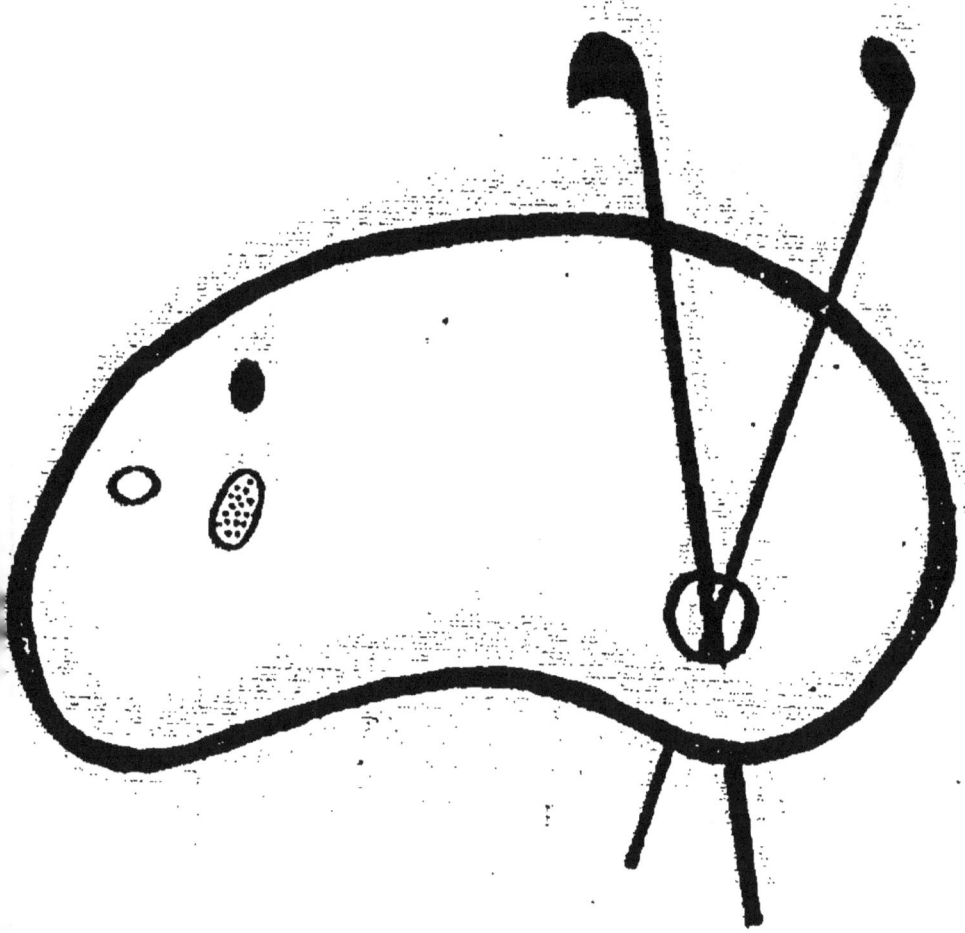

DEBUT D'UNE SERIE DE DOCUMENTS
EN COULEUR

LE GUIDE

DU

VOYAGEUR AU MANS

PAR F. LEGEAY

NOUVELLE ÉDITION

LE MANS

LEGUICHEUX-GALLIENNE, IMPRIMEUR, LIBRAIRE-ÉDITEUR
15, RUE MARCHANDE, ET RUE BOURGEOISE, 16

1879

OUVRAGES DU MÊME AUTEUR

Recherches historiques sur Mayet et ses environs, 2 vol. in-18. Le Mans, imprimerie Monnoyer. — 1851.

Recherches historiques sur Vaas et Lavernat, 1 vol. in-18. Paris, Julien, Lanier, Cosnard et Cie. — 1855.

Recherches historiques sur Aubigné, 1 vol. in-18. Paris, Julien, Lanier, Cosnard et Cie. — 1857.

Recherches historiques sur Sarcé, 1 vol in-18. Paris, Julien, Lanier et Cie. — 1856.

Recherches historiques sur Coulongé, 1 vol. in-18. Paris, Julien, Lanier et Cie. — 1856.

Documents pour servir à l'histoire du Maine. Julien, Paris, Lanier et Cie. Brochure in-18. — 1856.

Recherches historiques sur Mayet, 2e édition, entièrement refondue et considérablement augmentée, 2 vol. in-18. Le Mans, Dehallais, du Temple et Cie. — 1859.

Almanach-guide du voyageur au Mans et dans le département de la Sarthe, 1 vol. in-18. Le Mans, Dehallais, du Temple et Cie. — 1860.

Le Guide du voyageur au Mans et dans le département de la Sarthe, contenant 40,000 adresses, 1 fort vol. in-18. Le Mans, du Temple et Vialat. — 1861.

Le Guide du voyageur au Mans et dans le département de la Sarthe, 2e édition. Le Mans, A. Loger et Boulay. — 1864.

Almanach de la Sarthe de 1861 à 1865, contenant diverses nécrologies, par F. Legeay. Le Mans, A. Loger et C.-J. Boulay.

A l'époque où l'on inhumait dans les églises, n'y avait-il que les hommes distingués, les nobles et les prêtres qui pouvaient s'y faire enterrer? (Extrait du *Bulletin de la Société d'agriculture, sciences et arts de la Sarthe.*) Le Mans, Monnoyer frères. — 1865. — Brochure.

Mémoires pour servir à l'histoire de l'abbaye de Saint-Vincent du Mans, par J. B. Colomb, prêtre, bénédictin de la congrégation de Saint-Maur, publiés dans les annuaires de la Sarthe 1865-1866, d'après le manuscrit autographe de l'auteur, sous la direction de MM. Anjubault et F. Legeay. Le Mans, imprimerie Ed. Monnoyer.

Le grand Almanach manceau, de 1866 à 1879, contenant diverses nécrologies. Le Mans, Ed. Monnoyer.

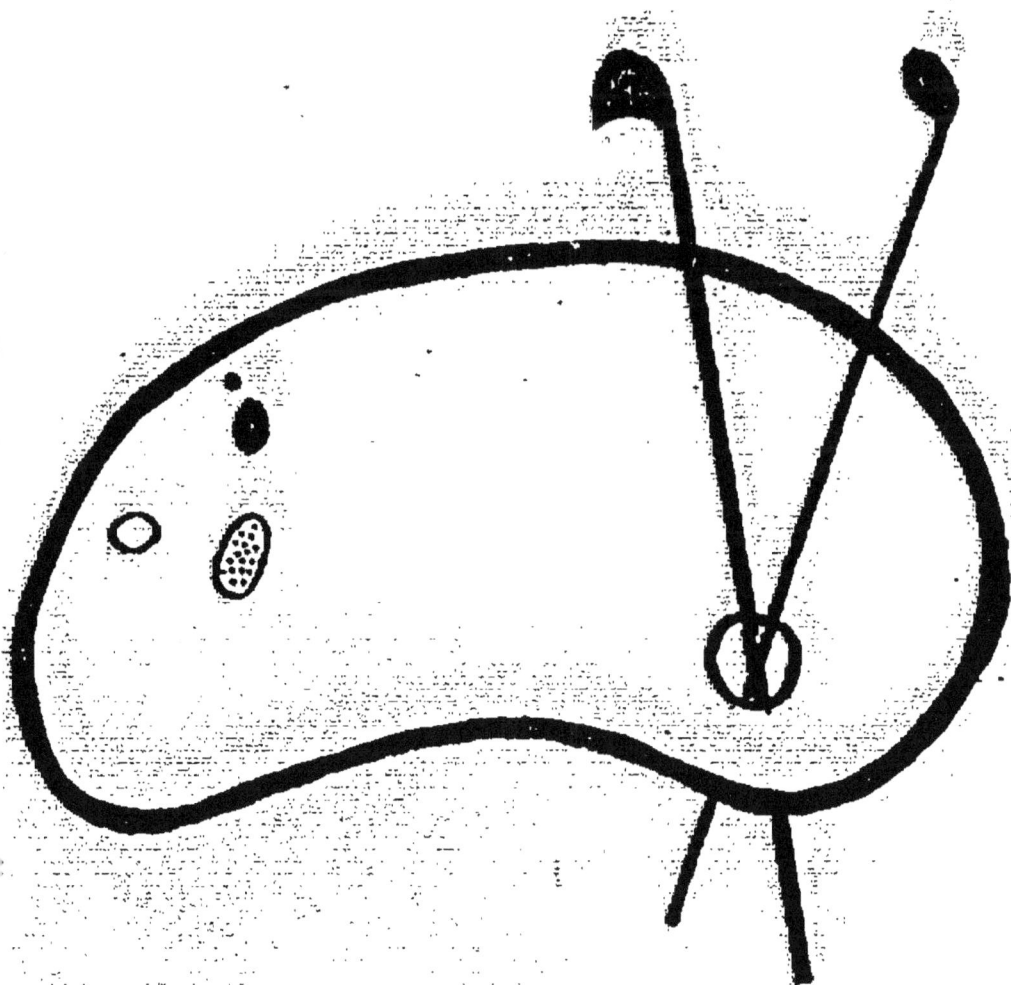

FIN D'UNE SERIE DE DOCUMENTS
EN COULEUR

LE GUIDE

DU VOYAGEUR AU MANS

LE GUIDE

DU

VOYAGEUR AU MANS

PAR F. LEGEAY

NOUVELLE ÉDITION

LE MANS

LEGUICHEUX-GALLIENNE, IMPRIMEUR, LIBRAIRE-ÉDITEUR
15, RUE MARCHANDE, ET RUE BOURGEOISE, 16

1879

LES INFORTUNES

D'UN

VOYAGEUR AU MANS

Un omnibus s'arrête devant un des hôtels de la place des Halles, au Mans. — Les voyageurs descendent.

CHŒUR DE GARÇONS ET DE SERVANTES D'HOTEL. — Descendez-vous à l'hôtel, Monsieur? — L'hôtel de *France*, Monsieur. — La *Bou'e d'or*. — L'hôtel du *Maine*. — L'hôtel du *Dauphin*, Madar..e. — L'hôtel de *Bretagne*, à deux pas d'ici.

UN VOYAGEUR, *donnant son sac de nuit à un garçon.* — Déposez cela au bureau.

LE GARÇON. — Bien, Monsieur.

LE VOYAGEUR. — A quelle heure le train pour Chartres?

LE GARÇON. — A six heures quarante-deux. — Monsieur dînera à l'hôtel? On sonne le dîner à cinq heures.

LE VOYAGEUR, *regardant à sa montre.* — Diable! il n'est encore que midi.

LE GARÇON. — Monsieur peut se promener en ville. Il y a beaucoup de curiosités.

UN QUIDAM, *à la tournure tenant à la fois du commissionnaire et du mendiant.* — Si Monsieur le désire, je puis conduire Monsieur.

LE VOYAGEUR. — Eh bien, soit. Commençons naturellement par cette place.

LE GUIDE. — La place des Halles, Monsieur ; et cette belle rotonde, c'est la Halle.

LE VOYAGEUR. — Bien. Quelle est cette église, là, à l'extrémité de la place?

LE GUIDE. — Ça, Monsieur, c'est la Visitation, la prison, la gendarmerie. Mais voici la Halle, comme j'avais l'honneur de le dire à Monsieur.

LE VOYAGEUR. — La Visitation, la prison... que diable me dites-vous là? Il me semble d'ici qu'il y a dans cet édifice une architecture très élégante.

LE GUIDE. — Très élégante, Monsieur. Une des plus belles œuvres de M. Lusson. Je l'ai vu bâtir, Monsieur.

LE VOYAGEUR. — Allons donc! Cette église doit dater du commencement du siècle dernier.

LE GUIDE. — Peut-être bien, Monsieur. Nous y reviendrons, si Monsieur le désire. Mais il faut que Monsieur fasse le tour de la Halle.

LE VOYAGEUR. — A quoi bon? Il me semble que dans ces édifices circulaires et monotones, il n'y a pas deux aspects différents.

LE GUIDE. — Faites excuse, Monsieur; de ce côtéci est l'horloge.

LE VOYAGEUR. — Et de l'autre ?

LE GUIDE. — De l'autre, il n'y en a pas. Mais que Monsieur veuille bien jeter les yeux sur cette couverture; on ne sait pas ce qu'il est entré d'ardoises là-dedans. Et ces larges arcades ! Il y en a vingt-quatre, éclairées par le gaz. La bâtisse a trois cent quatre-vingts pas de tour. Et Monsieur veut-il savoir combien de toises, pardon, de mètres de pierres on y a employés ? ..

LE VOYAGEUR. — Je vous dispense de ces détails qui ne m'importent guère. Mais, dites-moi, cette place a-t-elle été le théâtre de quelque événement historique d'une certaine importance, à l'époque des guerres civiles, par exemple?

LE GUIDE. — Pas que je sache, Monsieur. Seulement, c'est ici, à l'endroit même où nous sommes, qu'était planté l'arbre de la liberté, du temps de la première république. Je l'ai encore vu dans mon enfance. Les exécutions se faisaient à côté. Plus tard, c'était au bas de la place, près de la porte de la prison. Maintenant on les fait pour ainsi dire en cachette. Une drôle d'idée tout de même. Il y en a qui disent...

LE VOYAGEUR, *visiblement impatienté*. — Mon Dieu ! laissons-les dire, et passons à quelque sujet plus intéressant.

LE GUIDE. — Eh bien, Monsieur va faire le tour de la place et je lui ferai voir les beaux cafés et les hôtels qui l'entourent. Mais en attendant, si Monsieur voulait visiter l'intérieur de la Halle ; je connais le concierge ; il nous permettra de monter les beaux escaliers et de parcourir les greniers. Il nous dira ce qu'on y peut déposer de boisseaux, pardon, de doubles décalitres et d'hectolitres de grains.

LE VOYAGEUR. — Mais je n'ai nul besoin...

LE GUIDE. — La charpente est magnifique, Monsieur.

LE VOYAGEUR, *exaspéré*. — Ah çà ! Voulez-vous me faire prendre votre Halle et vous-même en aversion ! Voilà près d'une heure que vous me faites perdre dans cette insipide contemplation. Il me reste à peine le temps nécessaire pour ce qu'il peut y avoir de véritablement intéressant à visiter! Allons, conduisez-moi à la Cathédrale, car je suppose que c'est elle dont la masse imposante se fait remarquer de loin.

LE GUIDE. — Oh ! Monsieur n'y trouvera rien de bien curieux. La Halle... (*mouvement d'impatience du voyageur*). D'ailleurs, nous y arriverons tout à l'heure. En attendant, je continuerai à montrer à Monsieur ce qui en vaut la peine. Chemin faisant, nous allons voir les cafés.

(*Ils se remettent en marche.*)

Ici, Monsieur, le café de l'*Univers*. — Le café de *Paris*. Là, le café de l'*Europe*; à droite, où vous voyez des statues, c'est le café du *Commerce*. Plus loin, cette superbe colonnade marque l'entrée du palais de justice, et là-bas le café de l'*Ouest*. Si Monsieur désirait prendre quelque chose...

LE VOYAGEUR. — Ce que je désire, c'est que vous ne me fassiez pas perdre mon temps.

Ils se remettent à cheminer lentement, le guide s'arrêtant consciencieusement à chaque coin de rue pour en indiquer le nom au voyageur.

LE VOYAGEUR. — Quelle est cette église dont on aperçoit un beau portail au fond d'une cour ?

LE GUIDE. — L'église de la Couture, Monsieur; rien de curieux ; cela est vieux.

LE VOYAGEUR. — Mais...

LE GUIDE. — Ceci, Monsieur, c'est l'hôtel de la préfecture.

LE VOYAGEUR. — Eh bien ! n'y a-t-il rien qui vaille la peine de s'y arrêter?

LE GUIDE. — Rien du tout, Monsieur.

LE VOYAGEUR. — Marchons donc un peu plus vite, je vous prie.

Après quelques minutes, le guide arrête son voyageur devant un long parallélogromme percé 'de fenêtres et de portes cintrées.

LE GUIDE. — La halle aux toiles, Monsieur.

LE VOYAGEUR, *prenant la fuite.* — Assez, assez! faites-moi grâce de celle-là.

LE GUIDE, *courant après son voyageur.* — Monsieur a.tort. Monsieur ne sait pas tout.ce qu'il y a de beau dans ce bâtiment. Et comme c'est solidement construit!

LE VOYAGEUR, *ralentissant sa course.* — Le commerce des toiles a donc au Mans une certaine importance? Pourriez-vous me dire d'où proviennent les plus beaux produits de cette industrie dans le département de la Sarthe, et à quel chiffre peut s'élever le mouvement des affaires?

LE GUIDE. — Oh! Monsieur, personne ne pourrait vous dire ça.

LE VOYAGEUR. — Bon, c'est-à-dire que vous n'en savez rien, non plus sans doute que des autres industries et de la proportion dans laquelle chacune d'elles contribue à la prospérité commerciale du pays.

LE GUIDE. — Mais, Monsieur, il y a des boulangers, des bouchers, des pâtissiers, des épiciers, des marchandes de marrons, des...

LE VOYAGEUR. — En voilà bien assez, et je vois que je ne pouvais mieux m'adresser. — Maintenant quelle est cette rivière que nous côtoyons? N'est-ce point la Sarthe?

LE GUIDE. — Peut-être bien, Monsieur, à moins que ce ne soit l'Huisne; je ne vous l'assurerai pas. Ce pont, c'est le pont en métal, un très beau pont, Monsieur, et très utile. Si Monsieur désirait voir l'usine à gaz, c'est à l'autre bout. Monsieur ne sait peut-être pas comment se fabrique le gaz? Je pourrais expliquer à Monsieur ..

LE VOYAGEUR. — Bien! j'aime autant n'en rien savoir. Continuons notre tournée ; l'heure s'avance et je tiens beaucoup à visiter la Cathédrale.

LE GUIDE. — Nous y allons, Monsieur. En attendant, voici la gare du chemin de fer, une des plus belles gares de France. Si Monsieur veut entrer dans la cour, cela vaut la peine d'être vu.

LE VOYAGEUR. — J'aurai tout le temps de la voir en prenant le train de Chartres (*regardant à sa montre*). Mais, malheureux, il est déjà quatre heures et demie et je n'ai encore rien vu !

LE GUIDE. — C'est étonnant comme le temps va vite quand on s'amuse ! — Là-bas, à droite, c'est ce qu'on appelle les Aliénés et puis l'Abattoir; nous y serons dans un instant.

LE VOYAGEUR. — J'en vois assez d'ici ; marchons, marchons! En sacrifiant mon dîner, j'espère qu'il me restera assez de temps pour voir enfin ce qui mérite d'attirer l'attention et surtout la Cathédrale.

LE GUIDE. — Nous y arrivons, Monsieur.

LE VOYAGEUR. — N'y a-t-il pas une très ancienne église qu'on appelle, je crois, Notre-Dame du Pré?

LE GUIDE. — Oh ! Monsieur, c'est vieux, et ça n'est pas beau.

LE VOYAGEUR. — On m'a parlé aussi d'un musée

d'antiquités, de voies romaines et d'une enceinte gallo-romaine, encore reconnaissables malgré leur haute antiquité.

LE GUIDE. — Connais pas. Mais voici devant nous la Cathédrale.

LE VOYAGEUR. — Enfin ! et nous lui avons tourné le dos pendant toute cette longue et fastidieuse promenade. Courons-y donc, sans perdre plus de temps.

Après quelques minutes de contemplation admirative devant la magnifique basilique, le voyageur se dispose à en aller visiter l'intérieur.

LE VOYAGEUR. — Qu'est-ce que cet escalier à double rampe, d'un aspect assez mesquin, qu'écrase d'ailleurs l'importante masse de la Cathédrale ; et ce bassin à demi rempli d'une eau d'une transparence équivoque sur laquelle navigue une flottille de morceaux de papier ?

LE GUIDE, *d'un ton important.* — C'est ce que nous appelons l'escalier monumental ! On dit que les escaliers de l'orangerie de Versailles peuvent seuls lui être comparés.

L'horloge de la tour sonne un coup.

LE VOYAGEUR, *regardant précipitamment à sa montre.* — Grand Dieu ! six heures et demie ! Je n'ai plus que douze minutes pour me rendre à la gare. — (*Jetant une pièce de 5 fr. au guide.*) J'en aurais donné quatre fois autant pour n'avoir pas eu le malheur de vous rencontrer (*Il part en courant.*)

LE GUIDE. — Si Monsieur veut que je le conduise.

Au moment où le voyageur haletant entre dans la cour de la gare, après s'être égaré dix fois, le fatal sifflet se fait entendre et le train défile majestueuse-

ment devant les arcades de la salle d'attente. — Désespoir du voyageur.

UN PETIT GARÇON, *porteur d'un éventaire garni de livres.* — La bibliothèque des chemins de fer, Monsieur.

LE VOYAGEUR. — Va-t'en au diable !

LE PETIT MARCHAND. — *Le Guide du voyageur au Mans.*

LE VOYAGEUR *revenant sur ses pas et s'emparant d'un exemplaire que lui présente le petit marchand.* — Que dites-vous, mon ami ! *Le Guide du voyageur au Mans!* par F. LEGEAY. Le Mans, Legaicheux-Gallienne, imprimeur, libraire-éditeur, rue Marchande, 15, et rue Bourgeoise, 16.

LE PETIT MARCHAND. — Ce volume contient la description et l'histoire abrégée des monuments de la ville du Mans.

LE VOYAGEUR, *achetant le volume.* — Et dire que j'ai perdu six heures, fait énormément de mauvais sang, dîné par cœur, gagné peut-être une fluxion de poitrine et manqué le train, pour n'avoir pas possédé ce modeste et utile petit livre !

A. V.

Ancien procureur du roi.

Le *Guide du voyageur au Mans* n'est pas une œuvre scientifique ; c'est l'indication abrégée mais exacte des monuments qui font l'ornement de notre ville. On n'y trouvera pas une histoire de cette antique cité, il faudrait plusieurs volumes pour l'écrire dans une juste mesure.

Les touristes qui visiteront Le Mans et qui aiment à évoquer les vieux souvenirs, à faire revivre dans la pensée les siècles écoulés, pourront se fier à notre *Guide,* qui leur donnera des renseignements sûrs.

Cette publication nous a été suggérée par le bienveillant accueil que le public a fait à l'*Almanach-guide du voyageur au Mans et dans le département de la Sarthe,* et au *Guide du voyageur au Mans et dans le département de la Sarthe,* puisque ces deux ouvrages sont complètement épuisés.

Ce petit livre est écrit sans prétention. Il contient des emprunts faits à ceux qui l'ont devancé et qui traitent de l'histoire du Mans. Nous nous plaisons à le reconnaître, et nous nous faisons un devoir de déclarer qu'ils ont été puisés dans les ouvrages de Renouard, Le Paige, Cauvin, Pesche, Desportes, Hauréau, D. P. Piolin, Voisin, Le Pelletier, Persigan, Chardon, Esnault, Mallet, Surmont, Richard, etc.

F. L.

LE GUIDE

DU

VOYAGEUR AU MANS

I

LE MANS

« Bourges, Autun, Le Mans avec Limouges
Furent jadis les quatre villes rouges. »
(DUCHÊNE.)

La Gaule, qui a depuis porté le nom de F ice, était divisée, sous César, en trois parties principales : la Gaule du Nord ou *Belgique*, du Centre ou *Celtique*, du Midi ou *Aquitaine*.

La Gaule Celtique était bornée par la Marne, la Garonne et l'Océan, et renfermait une centaine de tribus parmi lesquelles se trouvaient les Cénomans; le pays de ces derniers semble aux antiquaires et aux géographes répondre assez exactement, pour l'étendue, au département de la Sarthe. On présume que ces peuples, dont l'origine est inconnue, sont venus se fixer dans cette contrée 1000 ans environ avant notre ère.

Le Mans est l'une des plus anciennes et des plus considérables cités de la Gaule ; il est situé sur une colline au pied de laquelle coule la Sarthe ; il offre, comme toutes les vieilles villes, des rues étroites, sinueuses et mal bâties ; mais, depuis 1791, il a beaucoup gagné : des quartiers nouveaux ont été ouverts, des maisons élégantes ont été construites et de belles promenades ont été faites ; sa population actuelle est de 50,175 habitants (1).

Les Romains appelaient Le Mans *Subdinum*, *Suindinum* et *Vindinum* ; sous Julien l'Apostat, Le Mans prit le nom de *Cenomanum*, et plus tard, par abréviation, celui de Le Mans.

Les Romains s'emparèrent de la Gaule 50 ans avant Jésus-Christ. Il est presque certain qu'ils trouvèrent Le Mans bâti ; mais, ce qui est incontestable, c'est qu'ils en firent une de leurs principales résidences pendant plus de 500 ans. Vers 486, les Francs vinrent les chasser de la Gaule et par conséquent du pays des Cénomans, et s'établirent sur ses ruines.

Le plan que nous nous sommes tracé nous impose l'obligation de n'indiquer que très sommairement les principales révolutions dont notre ville a été le théâtre :

510. — Clovis prend la ville du Mans et en chasse son parent Rigomer, qui la gouvernait.

---

(1) Il résulte d'un document publié par le *Journal officiel*, que notre nation compte aujourd'hui *trente-six millions neuf cent cinq mille sept cent quatre-vingt-huit habitants.* Il y a environ *un million* moins de filles que de garçons ; les hommes et les femmes mariés sont à peu près en chiffre égal ; mais le nombre des veuves est de plus d'un million supérieur à celui des veufs.

D'après ces chiffres, la population s'est accrue depuis 1872 de huit cent deux mille huit cent soixante-sept habitants.

842. — Le Mans, qui appartenait à Charles le Chauve, est pris et saccagé par Lothaire. Charles le Chauve le reprend en 803.

865, 866. — Les Normands s'emparent de la ville du Mans et la pillent ; en 873, Charles le Chauve s'en rend maître de nouveau et brûle les faubourgs.

1063. — Le Mans est assiégé deux fois par Guillaume le Conquérant.

1092, 1100. — Hélie de La Flèche prend deux fois la ville du Mans.

1189, 1223. — Philippe-Auguste, Richard Cœur de Lion et Jean sans Terre s'emparent successivement du Mans.

1424. — La ville du Mans est prise par le comte de Salisbury et ses murailles sont renversées. Polydore Virgile dit que c'est le premier siège où l'on se soit servi de l'artillerie.

1443, 1448. — Le comte de Dunois assiège Le Mans et en chasse les Anglais.

1562. — Les protestants entrent dans la ville du Mans, pillent les églises, brisent les tombeaux « et font mille scènes indécentes et atroces. »

1589. — Henri IV commence à assiéger la ville du Mans, occupée par les ligueurs.

1793. — Le 10 décembre, l'armée vendéenne, composée de 70,000 âmes, dont 15,000 combattants, commandée par La Rochejacquelein, Stofflet et le prince de Talmont, s'empare du Mans. Elle en est chassée le 12 du même mois par les colonnes républicaines commandées par les généraux Marceau et Westermann, et presque entièrement détruite. Les Vendéens laissèrent au Mans beaucoup d'or, d'argent et d'objets précieux.

1799. — Dans la nuit du 13 au 14 octobre, les Chouans, sous la conduite du général Bourmont, entrent dans la ville du Mans, qu'ils occupent pendant trois jours, et s'emparent des caisses publiques et des munitions.

1871. — Le 10 janvier, l'armée française se trouve réunie autour du Mans. Dans la journée du 11, un combat s'engage avec les Prussiens près de Pont-de-Gennes, Montfort, Lombron et Yvré-l'Évêque. Cent officiers de notre armée sont blessés et trois mille hommes tués, blessés ou disparus. Le 12, la bataille continue et Chanzy, général en chef, déclare la lutte impossible ; à deux heures et demie, il abandonne Le Mans. L'ennemi entre dans la ville par Pontlieue et se porte vers le chemin de fer, puis dans toutes les directions. L'état-major prussien demande à l'administration municipale quatre millions de contributions de guerre, qui sont réduits, après bien des conférences, à deux millions. L'ennemi quitte Le Mans les 10, 11 et 12 mars. Les pertes occasionnées par l'invasion dans le département de la Sarthe sont évaluées à dix-sept millions.

II

Place des Halles

La place des Halles, située sur une éminence, est de forme rectangulaire ; elle est entourée de beaux cafés, d'hôtels, de restaurants, de maisons de commerce, de l'église de l'ancien couvent de la Visitation et du palais de justice.

Cette place existait avant le XVIᵉ siècle. Consacrée spécialement au commerce, elle est la plus vivante, la plus fréquentée, surtout les jours de marchés et de foires ; « c'est au point de vue capital de l'existence active, écrit avec raison un de nos chroniqueurs, le centre, l'âme de la cité. »

Le 10 décembre 1793, l'armée vendéenne entre au Mans ; une partie, harassée de fatigue, passe la nuit sur la place des Halles. Le matin du 11 décembre, le conseil de cette armée tient séance à l'hôtel de *la Biche*. Le président ouvre les dépêches et les lettres interceptées par l'arrestation des courriers. Il fait rendre à MM. Véron et Ruillé-Fontaine, négociants, des effets de commerce qui leur appartiennent. Le jeudi 12, La Rochejacquelein, voyant approcher l'ennemi, fait des efforts inouïs pour réveiller ses soldats et leur faire prendre les armes ; alors commença la plus horrible des boucheries ; le sang coulait de toutes parts ; les Vendéens se sauvèrent sur la place de l'Eperon pour gagner la rue Dorée, le pont Saint-Jean et la route de Laval.

Après que les Vendéens eurent abandonné Le Mans, le plus affreux carnage ajouta de nouveaux ruisseaux de sang à ceux qui coulaient déjà dans les rues, encombrées de cadavres, de bagages, de voitures et de caissons brisés ; malades, blessés, femmes, hommes, tout ce qui n'a pu suivre la masse, fut immolé à la rage d'une soldatesque qui ne pouvait se rassasier de massacres. Marceau, qui gémit de l'épouvantable abus de la victoire, ne peut y mettre un terme qu'en faisant battre la générale.

Le 12 janvier 1871, l'armée allemande s'empara du Mans. En arrivant sur la place des Halles, une lutte s'engagea avec des soldats qui battaient en retraite ; les fenêtres de presque toutes les maisons furent criblées de projectiles. Quand les Prussiens furent maîtres de la place, ils assaillirent les hôtels et les cafés, enfonçant les devantures et les portes, et se livrèrent à un pillage effréné. L'*hôtel de France* fut épargné; il avait été désigné pour servir de logement à l'état-major du 10° corps, cependant les carreaux de ses fenêtres furent brisés par les balles.

Halle au blé

La Halle, construite en pierre, occupe le centre de la place; c'est un monument circulaire et entouré d'arcades. La Halle fut commencée en 1822 et terminée en 1828. Le marché au blé s'y tient les vendredis, et les marchands y établissent de belles et riches boutiques pendant les foires de la Pentecôte et de la Toussaint.

Cette Halle a remplacé un vaste hangar sous lequel on vendait, depuis 1508, des denrées de toute espèce.

Pendant le séjour des Prussiens au Mans, plusieurs compagnies de soldats furent casernées dans la Halle, et à la fin de janvier 1871 le feu s'y déclara, et les bâtiments furent assez fortement endommagés.

Eglise de la Visitation

Mathurin Riballier, architecte (1), originaire de La Flèche, commença, en 1730, à bâtir la jolie petite église de la Visitation, dont le plan et les sculptures sont attribués à Soufflot (2); les autels ne furent terminés qu'en 1751. La façade principale que l'on

(1) Il fut enterré dans l'église de Saint-Jean de la Chèverie, le 23 septembre 1733.

(2) L'architecte du Panthéon.

aurait dû mettre en face de la place des Halles, est richement ornée de colonnes corinthiennes cannelées, surmontées d'un bel entablement et de deux frontons, l'un appartenant à l'ordre principal, l'autre à l'attique, contre-sens architectural.

Un tableau de notre compatriote, M. Lionel Royer, vient d'être placé dans cette église.

Tous les dimanches, une messe basse est célébrée dans cette église et les vêpres ont lieu à une heure et demie.

Palais de Justice

Madame de La Ferrière, sœur du comte de Tessé, légua, en 1632, vingt mille livres aux religieuses de Sainte-Marie de la Visitation, à la condition de fonder un établissement de leur ordre dans la ville du Mans, d'y recevoir les jeunes filles qui se destinaient à entrer en religion, en apportant 800 livres de dot et 120 livres en rente viagère.

La maison, qui a deux étages, commença à être bâtie en 1634.

Le jardin et l'enclos des religieuses furent vendus en 1793. A cette époque on établit dans les bâtiments de ce monastère les tribunaux civil, criminel et de police correctionnelle; de nombreux travaux de distribution et des augmentations considérables permirent d'y placer depuis le tribunal de commerce, la gendarmerie, les prisons, etc.

La cour d'assises y siège tous les trois mois.

Les audiences du tribunal civil ont lieu les mardi et mercredi de chaque semaine; celles du tribunal de commerce, le mardi ; de la police correctionnelle, le jeudi et le vendredi.

A l'époque de l'invasion allemande (janvier 1871), une ambulance fut établie au palais de justice, et le fourgon de l'ambulance du docteur Jollivet, qui y avait été déposé, fut volé.

III

On se rend de la place des Halles à la place des Jacobins, par les rues Dumas, Marchande et Saint-Dominique.

Place des Jacobins

La grande et belle place des Jacobins a été ouverte, depuis 1789, sur les terrains appartenant en partie aux religieux des Jacobins (1) et des Cordeliers (2). Elle fut successivement appelée place de la Réunion, d'Angoulême et enfin des Jacobins.

On aperçoit sur cette place un reste du vieux mur d'enceinte de la ville, qui soutient un côté de la rue du Rempart; cette construction est faite de lits alternatifs de briques romaines et de pierres, surtout dans la partie la plus proche du sol.

Comme nous l'avons déjà dit, les Vendéens entrèrent au Mans le 10 décembre 1793, l'armée républicaine les en chassa le 12 du même mois, après une sanglante bataille ; on s'empressa aussitôt de déblayer les rues, et 95 tombereaux transportèrent

---

(1) Les Jacobins ou Frères prêcheurs, de l'ordre de Saint-Dominique, bâtirent leur monastère vers 1215.

(2) Les Cordeliers, ou Frères Mineurs, de l'ordre de Saint-François, s'établirent au Mans en 1231. Geoffroy de Laval, Pierre de Longueil, et le poète Robert Garnier, furent enterrés dans l'église de ces religieux.

sur la place des Jacobins 2,000 cadavres que l'on jeta dans deux larges et profondes fosses.

Pendant la bataille, 22 Vendéennes, dont quelques-unes avaient leurs enfants, s'enfuient par la route de Bonnétable. La municipalité du Mans les fait revenir. « Le bruit de leur arrivée avait assemblé les furies de Saint-Gilles, de Gourdaine et du Pré sur la place des Jacobins, où ces infortunées ne sont pas plutôt arrivées, qu'elles sont fusillées et sabrées en groupe ; leur dépouille est abandonnée à ces harpies, qui avaient sollicité, dit-on, les hussards de les massacrer. »

Le marché aux bestiaux se tient, le vendredi, sur la place des Jacobins.

En 1834, le percement de deux *puits artésiens*, l'un au carrefour des rues de l'Etoile et des Ursulines, l'autre sur la place des Jacobins, n'a pas réussi.

La place des Jacobins est entourée du Tunnel, de l'Hôtel de Ville, de la Cathédrale, du Lycée, de l'Evêché, du Théâtre et d'une belle promenade.

Tunnel

En 1849, le conseil municipal vota l'établissement d'un passage direct entre le pont Ysoir (1) et la place des Jacobins, et décida l'ouverture d'une galerie d'exploration dans le massif du terrain à traverser. Ce travail fut exécuté en 1851 par M. Ni-

(1) Dès le IXe siècle, il existait à peu près à l'emplacement du pont Ysoir actuel, sous le nom de pont Sainte-Marie, une construction de ce genre, dont il ne reste aucun vestige. On ignore la date où fut bâti celui qui existe aujourd'hui. Il fut presque entièrement reconstruit vers 1809.

clotte, ouvrier mineur fort intelligent, sous la direction de MM. de Hennezel et Triger, ingénieurs. Cette galerie avait 1ᵐ 75 de hauteur sur 1ᵐ 50 de largeur entre étais ; sa longueur était d'environ 200 mètres.

Plus tard, différents projets furent soumis au conseil municipal : grande rue à ciel ouvert, voie seulement pour piétons, voie pour chevaux et voitures, escaliers à pic, rampes tortueuses escaladant le coteau, haut de 22 mètres.

Le 2 février 1857, le conseil municipal, à la majorité de 13 voix contre 9, abandonna le projet de tunnel, et vota 25,000 fr. pour la fermeture en pierres sèches de la galerie d'exploration.

M. le maire fit immédiatement exécuter cette délibération.

Le 14 novembre 1865, le projet de tunnel revint devant le conseil, qui en confia l'étude à M. Caillaux, ingénieur des ponts et chaussées, attaché au service de la compagnie du chemin de fer de l'Ouest, et le 11 mai 1866, cet ingénieur soumit cinq projets à l'administration ; enfin, le 16 février 1867, le conseil municipal décida en principe que la longueur du tunnel serait de 75 mètres. que la hauteur serait portée à 10 mètres, que les terrains et maisons situés sur la voûte seraient expropriés, démolis, convertis en square, que des escaliers se développant à droite et à gauche permettraient de monter de la rue Saint-Hilaire dans la vieille ville et on confia à M. Caillaux l'exécution de ce projet. Après l'approbation du conseil des bâtiments civils, les travaux commencèrent ; mais, le 16 mai 1872 un nouveau conseil municipal, réuni sous la présidence du maire, décida d'inviter M. Caillaux à remettre ses pouvoirs à l'administration.

A partir de ce moment, M. Caillaux cessa de s'occuper du tunnel.

Le 16 août 1873, M. Gellerat fut déclaré adjudicataire de ces travaux avec un rabais de 15 pour cent. Les travaux commencèrent immédiatement, mais des difficultés survinrent bientôt et, le 22 septembre 1875, le ministre des travaux publics confia la direction du tunnel à MM. Thoré et Ricour, ingénieurs. (RICHARD.)

Le tunnel traverse le mur de l'enceinte romaine, de trois mètres d'épaisseur, puis 20 mètres de terrain rapporté; il pénètre alors dans le terrain naturel et débouche en passant sous les fondations du mur qui supporte la rue du Rempart.

Le terrain naturel traversé appartient à la formation géologique du grès vert; la roche dominante est un sable plus ou moins argileux, doué d'une certaine consistance; on y a trouvé, jusqu'à 100 mètres de l'entrée inférieure, un banc de grès sensiblement horizontal et continu, de 30 centimètres d'épaisseur, remarquable par une assez grande abondance de trigonies qu'il renferme. A une petite hauteur en dessus de ce banc, il y a une couche de blocs isolés de grès, qui s'arrête également à 100 mètres de l'entrée. Tout le reste du terrain est le sable mentionné plus haut.

L'œuvre de M. Caillaux est terminée et peut être appréciée comme elle le mérite. Elle a un cachet de durée et de grandeur que personne ne peut méconnaître, un caractère d'utilité, d'opportunité et de justice que nul ne songe à lui contester.

Ce travail a coûté à la ville 945,500 fr. et à l'Etat 283,000 fr. Total 1,228,500 fr.

Cathédrale

La Cathédrale du Mans, qui est une des plus belles églises de France, possède encore des vestiges de sa haute antiquité. Ce monument est le plus vaste, le plus beau, le plus important et le plus ancien du département de la Sarthe. Il présente les deux principales transformations de l'architecture chrétienne. La période romano-byzantine nous a laissé la grande nef et les bas-côtés, et la période ogivale a élevé le chœur et la partie supérieure de l'église.

Le portail méridional, qui est du xi° siècle, est richement décoré. La porte est surmontée d'un tympan orné de la figure du Sauveur entouré des quatre évangélistes, sous la forme de l'emblème qui a toujours servi à les distinguer. Les pieds-droits portent de grandes statues qui ont beaucoup souffert des injures du temps et du vandalisme des hommes ; malgré leur état de mutilation, elles sont fort intéressantes.

Nous ne parlerons point de tous les changements qui se sont opérés dans la construction de la Cathédrale, depuis son origine jusqu'à ces derniers temps, ni des dévastations et des incendies dont elle a tant souffert.

Cette basilique, dit Richelet, « occupe une superficie d'environ 5,000 mètres en y comprenant les murs et les supports. La nef forme un parallélogramme rectangle d'une longueur de 58 mètres sur 24 de largeur, y compris les bas-côtés, qui

sont séparés du corps principal par un double rang
de colonnes massives. La longueur transversale de
la croix est de 59 mètres, et sa largeur d'environ
10 mètres. Le chœur avec ses latéraux, divisés par
un rang circulaire de colonnes, présente une largeur de 32 mètres sur 44 de longueur ; la hauteur
de la grande voûte, sous clef, est de 31 mètres.
Onze chapelles, ayant environ 11 mètres de profondeur, et celle du fond 18, sur 5 de largeur, occupent le pourtour du chœur. Enfin la totalité de
l'édifice offre, dans œuvre, du grand portail d'entrée
à l'extrémité de la chapelle, une longueur d'environ 130 mètres. »

'Les colonnes du chœur, les arcades, les fenêtres
sont d'une élégance et d'une grâce parfaites. Les
voûtes s'élancent à une hauteur prodigieuse avec
beaucoup de hardiesse. Ajoutons à ces magnificen-
ces architecturales l'éclat éblouissant des vitraux
peints, « et nous compléterons, écrit l'abbé Bou-
rassé, l'idée qu'on peut se former de ce chœur
imposant, qui n'a rien à envier aux plus célèbres
monuments gothiques. »

Parmi les objets les plus curieux qui se trouvent
dans cette église, on cite les chapiteaux des colonnes
de l'intérieur de la nef, où sont des figures mons-
trueuses et imaginaires ; la crypte, la porte de la
tour, qui est du xii° siècle ; l'orgue, la fenêtre où se
montre la grande rosace si remarquable par la ri-
chesse de ses découpures et la délicatesse du travail, remonte à la première moitié du xv° siècle.
Sur ces vitraux, on reconnaît Pierre de Savoisy, le
cardinal Filatre, un roi de Sicile, un prince de la
maison d'Anjou et deux reines ; dans ceux placés

autour du chœur, on voit un seigneur et une dame de Laval, un pape, Gauthier de Baignaux, etc.

Du 3 au 11 juillet 1562, les huguenots dévastèrent notre basilique, renversant les statues, profanant les autels, brisant les tombeaux, les calices et volant les reliquaires. On estima la perte à 256,537 livres 6 deniers.

Le 20 brumaire an II de la République, le maire du Mans annonça à la maison commune que « *le vieil édifice de l'erreur allait être détruit.* » A l'entrée on lisait l'inscription suivante :

TEMPLE DE LA VÉRITÉ.

Ce ne fut que grâce au dévouement énergique de l'ancien député Livré, que notre belle Cathédrale et l'élégante chapelle de la Visitation durent leur conservation.

En 1858, un orage épouvantable, accompagné de grêlons énormes, a brisé une partie de ces belles verrières (1); Napoléon III, à son retour d'un voyage en Bretagne, en passant par Le Mans, promit d'envoyer des verrières de Sèvres pour les remplacer.

En 1859 et 1860, ces vitraux furent restaurés aux frais de l'Etat par MM. Coffetier et Steinkel, peintres-verriers de la Sainte-Chapelle de Paris.

En 1821, on a transporté de l'ancienne abbaye de l'Epau, fondée en 1228, dans la Cathédrale, le tombeau de la reine Bérengère. On voit aussi dans la chapelle des fonts baptismaux le sarcophage et la statue en marbre blanc de Charles IV d'Anjou, comte

(1) Une restauration de ces verrières avait été faite, en 1840 et 1841, par M. Fialeix, de Mayet.

du Maine, roi de Jérusalem et de Sicile, mort en
1472 (1), et le mausolée de Langey du Bellay ; on
attribue ces belles sculptures à Germain Pilon. Dans
la chapelle Saint-Pierre est le magnifique sépulcre
de 1610, attribué à Gervais Labarre, composé de
huit personnages en terre cuite, de grandeur naturelle, représentant saint Pierre soutenant le Sauveur
couché dans son linceul, saint Jean consolant la
Vierge accablée sous le poids de sa douleur, saint
Joseph d'Arimathie aux pieds du Sauveur et les
trois Marie. Le 2 juin 1860, le sieur Benjamin-Al-
fred A..., âgé de 36 ans, ouvrier sabotier au
Mans, sous l'influence d'un commencement d'alié-

---

(1) On lit sur le sarcophage de Charles IV d'Anjou le
texte suivant :

Sous ce tombeau gît un prince notable
En attendant la journée redoutable
Du jugement où chacun rendra compte,
Charles d'Anjou, qui du Maine fut comte,
Du quel Louis, roi de Sicile, père
Fut, et René, dudit pays, son frère ;
Et si fut oncle de Louis, roi de France,
Frère de Charles, qui est signifiance
De grande noblesse ; car il fut par arroi
Vrai fils et frère, père et oncle de rois,
Lequel donna dix pièces de reliques
A cette église, riches et magnifiques,
Ce bon seigneur, prince de grand renom,
Eut un sien fils, portant semblable nom,
Qui de Sicile et de Jérusalem
Fut roi et prince ; lequel, par chacun an,
Laissa céans la distribution
De trois cents livres, dont il fit fondation
Dessus son fief, seigneurie et domaine
De la Ferté-Bernard, au pays du Maine.

On lit sur le tombeau : *Hic jacet Carolus Comes Cenoma-
niæ, obiit* 10 *aprilis* MCCCCLXXII.

nation mentale, pénétra dans la chapelle et abattit à coups de marteau toutes les têtes de ce groupe. Ce malheur a été bien réparé par M. Gaullier, sculpteur au Mans.

Ce groupe était, avant la Révolution, dans l'église des Cordeliers et avant d'être placé dans la chapelle Saint-Pierre il avait déjà été restauré par M. Pecquet.

La chapelle *Auxilium Christianorum* mérite aussi d'être visitée, ainsi que la porte de la sacristie, faite des débris d'un magnifique jubé détruit en 1769 ; enfin, le monument de Mgr Bouvier, presque tout en pierre blanche, est simple et modeste. La figure du digne prélat est d'une parfaite ressemblance. Cette œuvre, qu'on a critiquée, est due au ciseau de Louis Chenillon, du Lude. Ce monument a été inauguré le 9 août 1861.

La belle sonnerie de la Cathédrale est sortie, en 1859, des ateliers de MM. Bollée père et fils, fondeurs au Mans. Les figurines et les ornementations, en styles du xiiᵉ et du xiiiᵉ siècles, sont bien réussies.

Ces cloches donnent les tons suivants :

Le bourdon (JULIEN), — *fa dièze*, 6,423 kil.

La tonique (MARIE), — *si naturel*, 2,580 kil.

La seconde (GERVAISE), — *ut dièze*, 1,788 kil.

La troisième (PROTAISE), — *mi bémol*. 1,255 kil.

La quatrième (LIBOIRE), — *mi naturel*, 1,004 kil.

La cinquième (ALDRIQUE), — *fa dièze*, 721 kil.

Elles ont eu pour parrains et marraines :

Le Bourdon. — Jean-Jacques Nanquette, évêque du Mans, et Marie-Cécile-Denise de Biré, marquise de la Girouardière.

La tonique. — Théophile-Léon Chevreau, chevalier de la Légion d'honneur, préfet de la Sarthe, et
Amélie Lafitte, épouse du baron de Bourqueney,
chevalier de la Légion d'honneur, receveur général
du département de la Sarthe.

La seconde. — Auguste-Elisabeth-Joseph, marquis de Talhouët-Roy, député et membre du conseil général de la Sarthe, et Adélaïde-Hyacinthe de
Fougières, marquise Christian de Nicolay.

La troisième. — Charles-Léon-Ernest Leclerc,
marquis de Juigné, et Philippine-Caroline-Ferdi-
nande-Louise Oudinot de Reggio, épouse de François René-Joseph Cuillier-Perron.

La quatrième. — Charles-Gabriel-Marie-Sosthène,
comte et prince de La Rochefoucauld, duc de Bisac-
cia, et Marie-Antoinette-Clémence-Henriette de
Francqueville, comtesse du Luart.

La cinquième. — Gui-Charles-Henri d'Andigné
de Resteau, et Agathe-Marie-Maurice-Louise
Magnan, épouse de Alphonse-Alfred Haentjens,
chevalier de la Légion d'honneur et membre du
conseil général de la Sarthe.

Ces cloches ont été bénites par Mgr Nanquette,
évêque du Mans.

En 1870, pendant la guerre avec la Prusse, l'of-
fice divin fut interrompu plusieurs jours dans la
Cathédrale, qui était remplie de paille, et devenue
le logement des soldats et des mobilisés français.
Le 20 novembre, 60 dames de la ville sont allées
laver les pieds aux blessés, les panser et leur donner du pain, de la viande et du vin ; le plus grand
nombre étaient harassés et fourbus par suite de
marches forcées ; enfin, du 12 janvier 1871 au 12

mars même année, c'est-à-dire pendant le séjour de l'ennemi au Mans, les fidèles virent deux fois leur vénérable basilique envahie par les cérémonies du culte protestant.

Le 14 avril 1874, eut lieu à la Cathédrale un service solennel en mémoire des officiers, sous-officiers et soldats qui ont succombé glorieusement dans la bataille du Mans.

Nous ne parlerons point de l'escalier dit *monumental* et de sa fontaine, qui sont loin de répondre à ce qu'on était en droit d'attendre de l'habileté de l'architecte.

Lycée

Claude d'Angennes, évêque du Mans, fonda, en 1599, au presbytère de la paroisse de Saint-Ouen, un séminaire-collège, dont la direction fut confiée, en 1624, aux Oratoriens; leur église était à l'origine celle d'un hospice destiné aux pèlerins qui venaient faire leurs dévotions dans la cathédrale; elle avait été édifiée par l'évêque Herlemond Ier, vers 720. Cette église fut rebâtie en 1675, l'ancien corps de logis fut construit en 1687.

Le grand bâtiment où se trouvent la salle des Actes et les classes a été élevé en 1751 ; d'importantes constructions ont encore été faites il y a quelques années.

L'ordre des Oratoriens subsista jusqu'à la Révolution ; en 1793, lors de la déroute de l'armée vendéenne, plus de 600 de ces malheureux, hommes, femmes et enfants, furent enfermés dans ces divers bâtiments. Depuis, ce monument est devenu école centrale, puis collège communal en 1800, et enfin, en 1861, Lycée impérial (1). Les salles d'études sont spacieuses, bien éclairées, bien aérées, les dortoirs sont commodes et les cours assez vastes; mais on reproche à ce bel édifice son entrée de difficile accès, la petitesse de la salle des Actes et ses corridors trop étroits.

En 1848, on a découvert dans le jardin du Lycée quinze mille médailles romaines en argent.

Un singulier usage était établi autrefois dans cette maison : les évêques du Mans étaient portés de l'église de l'Oratoire à la cathédrale sur les épaules de quatre barons de la province, lors de leur entrée solennelle.

Pendant la guerre de 1870-1871, le Lycée fut converti en ambulance, et à l'entrée de l'armée ennemie au Mans, nos blessés furent chassés de cet établissement et remplacés par des blessés allemands.

Palais épiscopal

Le palais épiscopal est construit sur l'emplacement qu'occupait autrefois l'hôtel de Tessé, bâti au XVIIe siècle. (Marie de Médicis y logea en 1614). Plus tard, on en fit un petit séminaire où l'on enseignait la rhétorique, la philosophie et même les humanités, puis une caserne, en 1833, et enfin, en 1844, on détruisit tous les bâtiments pour édifier l'évêché, dans le goût du moyen âge, sur les dessins de M. Delarue.

Le 12 janvier 1871, le palais épiscopal était rem-

(1) Indépendamment du Lycée, il y a trois bonnes pensions au Mans: les Jésuites de Notre-Dame de Sainte-Croix, l'École supérieure, située Grande-Rue, et l'établissement de M. l'abbé Fouqué, rue Marengo.

pli de soldats prussiens qui, comme dans toutes les maisons entretenaient d'énormes feux. Le 1er février, vers huit heures du matin, « un incendie considérable éclatait dans les combles du bâtiment principal de l'évêché, il eut bientôt pris un développement si considérable, que Mgr l'évêque ne put même sauver ses papiers. Cette perte était d'autant plus regrettable qu'ils contenaient de remarquables écrits sur les travaux du dernier concile, auquel Mgr Fillion avait pris une part si active.

« Les secours ne tardèrent pas à arriver ; plusieurs pompes desservies par un certain nombre de pompiers, des habitants de la ville, ainsi que des soldats de l'armée allemande, essayèrent d'arrêter les progrès de l'incendie.

« A une heure, on en était à peu près maître ; mais, vers trois heures, il reprit avec une nouvelle intensité, et il se propagea si rapidement alors que l'édifice entier fut bientôt atteint. Toute la nuit, on vit briller les flammes sinistres qui éclairaient le quartier comme une lugubre illumination... Le feu dévora tout l'intérieur de l'évêché, ne laissant debout que les murs. Les étincelles volaient de toutes parts et le vent emportait au loin les débris des objets précieux qu'il avait été impossible d'arracher au fléau, les feuillets des livres rares qui composaient la riche bibliothèque, c'était un triste et navrant spectacle. » (MALLET.)

Le palais épiscopal a été rebâti sur le même emplacement et toujours sur le plan de M. Delarue. Le 15 août 1877, M. le curé de la cathédrale a béni ce nouveau monument que Mgr d'Outremont est venu habiter.

Théâtre

Jusqu'au milieu du xviii° siècle, Le Mans n'eut pas de Théâtre; on jouait la comédie dans un des vastes appartements d'une maison de la Grande-Rue, lequel ne pouvait contenir que 250 personnes. Vers 1775, M. Chesneau-Desportes organisa une société d'actionnaires pour la création d'une salle de spectacle; on la bâtit de suite sur un terrain dépendant de l'Hôtel de Ville, et le 27 mai 1776, elle fut inaugurée.

Cette ancienne salle a vu aux temps troublés de la Révolution des scènes orageuses, on y tint des clubs où les Levasseur et autres ambitieux de l'époque vinrent tour à tour se disputer la popularité.

« C'est en sortant de cette salle qu'un curé assermenté de la Couture fut assassiné. » La salle, après avoir longtemps servi aux bals publics, a été restaurée et décorée avec goût par la Société philharmonique qui y donne quatre concerts par année et un cinquième au bénéfice des pauvres de la ville. Cette salle contient 600 places.

Le nouveau Théâtre, construit dans le quinconce de la promenade des Jacobins, est élégant et gracieux, c'est un des beaux monuments de notre ville. La pensée en appartient à l'administration de M. Basse; l'exécution en a été confiée, en 1839, au talent de M. Delarue, architecte du département de la Sarthe, et il a été inauguré le 13 mai 1842.

La façade principale, celle donnant sur la place des Jacobins, a 32 mètres de longueur sur 16 de hauteur. Le théâtre a 19 mètres de largeur sur 13

de profondeur ; la salle peut contenir 900 pe
sonnes.

Le joli foyer a 30 mètres de longueur, 7 de la
geur et 7 de hauteur ; à chacune de ses extrémit
on voit une cheminée de marbre de Sablé, au
beau que le marbre du Midi.

Les fraîches et charmantes peintures de la sa
de spectacle et tous les décors ont été faits p
Cicéri.

Deux troupes d'acteurs viennent jouer sur nol
scène : l'une, l'opéra-comique, et l'autre, le drai
et le vaudeville.

Au théâtre il y a un orchestre, un parterre, d
baignoires, des premières, des secondes et des tro
sièmes. Le parterre est réservé aux hommes, c
pendant quelques femmes y viennent. Les fauteu
d'orchestre sont numérotés ; ce sont les meilleu
places de la salle pour jouir du spectacle, bi
qu'elles se trouvent tout à fait derrière les mu
siens dont le voisinage est assez étourdissant lo
qu'on joue l'opéra Le coup d'œil est plus agréal
aux premières, mais on y est nécessairement moi
rapproché des acteurs qu'aux fauteuils d'orchest
Les applaudissements ou les sifflets viennent pre
que toujours du parterre.

Pendant l'occupation prussienne (1871), noi
théâtre servit d'ambulance à l'ennemi pour y dé
ser ses varioleux.

Musée des monuments historiques

Dans les soubassements du Théâtre on a cr
en 1846, un Musée des monuments hist
riques pour sauver de la destruction une fou

de monuments précieux ; il est ouvert au public tous les dimanches, depuis midi jusqu'à 4 heures. En s'adressant au concierge, on peut y être admis pendant la semaine. On trouve dans ce Musée des antiquités égyptiennes, grecques, étrusques, divers débris d'antiquités gauloises, gallo-romaines, franques et mérovingiennes ; les bustes de Pierre Séguier, de Chappe, de Matthieu de Vendôme, de Ronsard, du maréchal de Mailly, du général Négrier, etc.; plusieurs reliefs en marbre blanc ; les blasons des échevins de la ville du Mans ; les portraits en pied de Jean III de Beaumanoir et de Catherine Carmain; des autographes du marquis de Lavardin, du seigneur de Labretesche, du comte de Tressan ; des armures ; plusieurs statues en bois, dont une de Louis XIV qui est mutilée ; le fauteuil de la marquise de Montespan. On y remarque encore : sceaux, dessins, gravures, faïences, émaux, vitraux peints, inscriptions, armoiries, miniatures, manuscrits, bijoux.

Promenade des Jacobins

Près de la place des Jacobins se trouve un vaste parallélogramme rectangle en gazon, entouré d'une double rangée de tilleuls et couronné de belles terrasses étagées, c'est la promenade des Jacobins. Au milieu du quinconce, on a établi un jet d'eau, et un kiosque pour la musique municipale qui y donne des concerts dans la belle saison, au milieu d'une nombreuse société.

Cette promenade a été faite en 1791, dans les anciens enclos des religieux des Jacobins et des Cordeliers; on a découvert dans la partie appelée les Arènes les débris d'un vaste amphithéâtre romain pouvant contenir plus de sept mille personnes, des amphores, etc.

Hôtel de Ville

L'Hôtel de Ville actuel a été édifié en 1757 sur les ruines de l'ancien palais des comtes du Maine et de l'Hôtel de la Monnaie. Les vieux pans de mur que l'on voit encore sont bâtis en petites pierres carrées, à l'usage des Romains, et percés de fenêtres à plein cintre, qui semblent indiquer que cette construction est du xᵉ siècle.

La cour de l'Hôtel de Ville qui fait face au marché Saint-Pierre, est fermée par une grille en fer.

Dans cet édifice se trouvent les salles du conseil, du tribunal de simple police, de la musique municipale, les bureaux de la Mairie, des trois juges de paix, des trois commissaires de police, de la caisse d'épargne (1), etc.

C'est sur la place Saint-Pierre que Bérengère présida à un duel, la veille de la Saint-Barthélemy (1216), en qualité de souveraine du Maine. « Raoul Fleury jeta le gage de bataille pour Huet de Corbiant, et Joscet le Feure entreprit la défense de

(1) La caisse d'épargne est une institution de bienfaisance qui a pour objet de recevoir en dépôt les plus petites sommes que les individus veulent y placer, et d'offrir à toutes les personnes laborieuses les moyens de se créer des économies. Le bureau est ouvert tous les dimanches, de midi à deux heures, pour placer les fonds, et les lundis pour les retirer. Aucun déposant ne peut avoir à son compte une somme supérieure à 1,000 fr. en capital; on paye les intérêts à raison de 3 fr. 75 pour cent.

Hodeburge de Corbiant, que scn frère accusait d'avoir forfait à l'honneur, et qu'il voulait en conséquence priver de sa part de l'héritage paternel. » Le défenseur de Hodeburge succomba. Raoul l'Enterré, sacristain du chapitre de Saint-Pierre de la Cour, obtint le bouclier et la lance du vaincu.

École mutuelle

Près de l'Hôtel de Ville, sur la place Saint-Pierre (1), où se tient le marché aux légumes, se voient les restes de l'ancienne collégiale de Saint-Pierre de la Cour qu'on a appropriés à l'établissement de l'Ecole mutuelle (2). Cette église, construite en 969, fut détruite au XI⁰ siècle, rebâtie en 1093 par Hélie de La Flèche, puis renversée de nouveau ; Henri II, roi d'Angleterre, la réédifia en 1175 et la reine Bérengère y fit de nombreuses augmentations vers 1208.

Dans la partie près du sol, on remarque des assises de briques et de petites pierres carrées placées avec symétrie.

En 1510, Philippe de Luxembourg donna à cette église collégiale la *châsse* richement ornée qui renfermait les reliques de sainte Scholastique ; en 1562, ces reliques échappèrent au pillage des calvinistes.

Les habitants venaient invoquer les reliques de

(1) Au-dessous de celte place se trouve celle du Gué-de-Maulny, où se vendent, le dimanche, les volailles, le beurre, etc. ; elle a été faite en 1743, sur l'emplacement d'une chapelle de ce nom.

(2) Depuis 1815, les frères de la doctrine chrétienne sont établis au Mans ; ils n'occupent la rue Saint-Martin que depuis 1833. Ils ont des écoles dans les divers quartiers de la ville et instruisent gratuitement les enfants pauvres.

sainte Scholastique, qui étaient dans cette église, contre toutes les calamités publiques, surtout pour arrêter les incendies et pour obtenir du beau temps; on invoquait aussi saint Sébastien contre les maladies contagieuses.

L'église Saint-Pierre de la Cour, servit de caserne de passage à des prisonniers de guerre envoyés au Mans, et en 1870-1871, d'ambulance aux Français, puis aux Allemands.

En 1876, on a découvert sous un des piliers de cette ancienne église, six tombeaux remontant au XIV⁰ siècle.

Près de l'Ecole mutuelle, rue des Fossés-Saint-Pierre, se trouve la Salle d'asile, créée en 1834; elle est destinée à recevoir, pendant le jour, les enfants des ouvriers, tandis que les parents vaquent à leurs travaux; trois autres Salles d'asile sont établies, au Pré, à la Couture et à Pontlieue. Elles recueillent près de 2000 enfants de 2 à 6 ans.

Jardin d'Horticulture

Une Société d'horticulture existe au Mans depuis 1851; elle a pour but d'encourager la culture des plantes indigènes les plus remarquables, de favoriser l'introduction et l'acclimatation des plantes exotiques. Cette société a acheté un terrain, en 1856, dont elle a fait un assez joli jardin, que le public peut visiter tous les jours; dans la belle saison, on y donne des concerts.

Ce jardin est situé rue Prémartine, près de la promenade des Jacobins.

Les Capucins

L'établissement des Frères Mineurs Capucins, au Mans, date de 1871 ; il est situé près du jardin d'Horticulture.

La première pierre de l'église de ces religieux a été bénite par Mgr d'Outremont, évêque du Mans, le 11 avril 1875. Ce monument est dédié au sacré Cœur de Jésus. Avant de sceller la pierre, Mgr y a enfermé quelques médailles destinées à rappeler aux âges les plus reculés l'année de cette fondation et l'inscription suivante :

PIO IX MAX. REGNANTE, HUNC LAPIDEM PRIMARIUM

ECCLESIÆ CONVENT. FF. MIN. CAPPUCCINORUM

QUAM FEL. REC. RR. DD. CAROLUS FILLION

EPISC. HUJUS CONVENTUS FUNDATOR SSMO. CORDI D. N. J. C.

DICAVIT

RR. DD. HECTOR D'OUTREMONT

EPISC. CENOMANENSIS,

SOLEMNITER

BENEDIXIT ET POSUIT,

DIE XI APRILIS, ANNO DNI

MDCCCLXXV

La bénédiction de l'église des Capucins et le baptême de la cloche du couvent eurent lieu le 17 mai 1878, par Mgr l'évêque du Mans.

L'autel principal de cette église, sorti des ateliers de MM. Blottière et Reboursier, est en bois sculpté, comme la chaire et les autres autels des chapelles latérales. Cinq panneaux, séparés par de gracieuses colonnes à chapiteaux, forment le tombeau et recouvrent la base et la table intérieures qui sont en pierre. Le rétable est formé d'une série d'arcades ogivales, accompagnées de colonnettes que surmontent de sveltes clochetons terminés par des ogives; une large arcade de même style recouvre et contient le tabernacle. Au-dessus, une sorte de plate-forme, flanquée de deux tours à créneaux, supporte le crucifix.

La cérémonie de la consécration de l'église au sacré Cœur s'est faite le 6 septembre 1878.

IV

On se rend de la place des Jacobins au Séminaire par les rues de l'Evêché, de Saint-Vincent (1), de l'Abbaye-de-Saint-Vincent.

Séminaire

Depuis 1815 le Séminaire est placé dans l'ancienne abbaye de Saint-Vincent, fondée en 572 par l'évêque saint Domnole; cette abbaye fut plusieurs fois ruinée et rétablie. Douze évêques y choisirent leur sépulture.

En 1188, Hubert, seigneur de La Guierche, légua à l'abbaye de Saint-Vincent son bois de Blandan et « *sa grande marmite de cuivre pour cuire les mets des moines,* afin que l'ayant sans cesse sous les yeux, ils se souvinssent de lui. » Il leur donna encore un millier de harengs saurets chaque année, le premier lundi de carême, pour qu'ils fissent son anniversaire.

(1) Dans cette rue se trouve une succursale du monastère de l'Adoration perpétuelle du Saint Sacrement.

En 1636, ce monastère fut habité par les religieux réformés de Saint-Maur, qui l'abandonnèrent en 1790 après l'avoir illustré par leur piété, leur science et leurs travaux. De 1793 à 1815, il servit de caserne, et enfin on y établit le Séminaire comme nous l'avons dit plus haut. Il y avait dans l'ancienne église, du XIIe siècle, douze belles cloches; c'était, dit-on, l'une des plus remarquables sonneries qu'il y eût en France sous le rapport de l'harmonie; elles furent brisées en 1792 et envoyées à la monnaie; cette vieille église fut démolie vers 1813, ainsi que le cloître bâti en 1737; elle est remplacée par une chapelle d'une architecture lourde, irrégulière et de mauvais goût; un bas-relief sculpté sur le fronton représente une ordination; à l'intérieur, ce monument est assez joli.

Les vastes constructions du Séminaire ont été faites en 1690, 1736, 1759 et 1846; il y a dans l'intérieur de belles salles voûtées et un escalier d'une coupe élégante et hardie.

La bibliothèque du Séminaire se compose de 16,000 volumes.

En 1070 et 1136, deux violents incendies détruisirent tout le quartier Saint-Vincent.

En 1588, le maréchal de Bois-Dauphin fit brûler entièrement le faubourg de Saint-Vincent pour empêcher les troupes de Henri IV de s'y loger.

En 1870 et 1871, le Séminaire fut converti en ambulance pour les Français blessés à la guerre, puis pour les Allemands. Il y a eu jusqu'à 130 malades à la fois.

Chapelle de Notre-Dame du Tertre

La chapelle de N.-D. du Tertre-Saint-Laurent, un peu au-dessous du grand séminaire en se dirigeant vers Coulaines, est un charmant petit sanctuaire, style Louis XV, élevé pour l'Association des jeunes ouvriers chrétiens de la ville du Mans, vers 1862 ; elle a été terminée depuis la guerre de 1870. On y vénère une antique statue de la sainte Vierge, donnée autrefois, selon la tradition, à une paroisse du Maine par la reine Blanche ; on y a établi le culte du bienheureux Benoît-Joseph Labre. Les jardins de l'Œuvre sont très beaux et on y jouit d'un ravissant panorama.

V

On se rend du Séminaire à l'École normale, à l'établissement des Petites-Sœurs des Pauvres et au monastère de l'Adoration perpétuelle du Saint Sacrement, par les rues Germain-Pilon et des Maillets.

École normale

Cet établissement, créé en exécution de l'art. 11 de la loi du 28 juin 1833, et réorganisé par un décret du 24 mars 1851, a pour objet de former des instituteurs primaires. Les cours sont de trois années. Une école primaire est annexée à l'École normale.

En 1870, cette maison fut convertie en ambulance. Le 12 janvier 1871, les Prussiens en arrivant au Mans s'y installèrent en défonçant et pillant les

malles des élèves et les sacs de nos soldats blessés.
M. Poirrier, directeur de l'Ecole normale, fut vio-
lemment maltraité.

Maison des Sœurs Réparatrices

La maison de feu l'ingénieur Triger a été vendue
aux religieuses de Marie Réparatrice en 1870, qui y
ont construit une chapelle. Peu de temps après,
c'est-à-dire le 12 janvier 1871, cent Prussiens pénétrèrent dans cette maison, qui avait été convertie
en ambulance pour nos blessés. M. l'abbé Deslais,
curé de N.-D. de la Couture, qui s'y trouvait, fut
fait prisonnier, frappé cruellement et menacé de
mort par l'ennemi. Les sœurs furent grossièrement
insultées par des soldats ivres et furieux ; un mobile fut transpercé dans son lit d'un coup de
baïonnette, enfin on pilla et on vola nos blessés.

Établissement des Petites-Sœurs des Pauvres

Le 10 août 1853, Mⁿᵉ la baronne de Jean, en
léguant à la ville du Mans une propriété qu'elle
possédait en cette commune, rue des Maillets, 14,
lui imposait l'obligation de consacrer cet immeuble
et ses dépendances à la fondation d'une maison de
refuge pour les vieillards des deux sexes, et d'en
abandonner la jouissance et la direction à la congrégation des Petites-Sœurs des Pauvres.

Les Petites-Sœurs des Pauvres y furent installées
le 14 avril 1854, et ont élevé un vaste bâtiment, sans rien réclamer à la ville, d'une valeur
de 100,000 fr.

Cette institution, comme on le sait, est une des

plus admirables que le génie de la charité (1) ait produites en France. Tous les vieillards qui se présentent à leur asile y sont reçus en se procurant un lit de fer de la valeur d'environ 20 francs. Ils sont au nombre de cent.

(1) Parmi les institutions charitables, qui sont si nombreuses et si fécondes en bonnes œuvres dans la ville du Mans, nous citerons :

L'*Œuvre de l'hôpital.* — C'est une société de dames qui viennent au secours des familles malheureuses dont le chef a été obligé d'entrer à l'hôpital.

La *Société de Saint-Vincent-de-Paul.* — Elle secourt environ 400 familles. La maison est située Grande-Rue, 114.

Les *Petites Ouvrières des pauvres.* — Les dames qui composent cette institution sont tenues de fournir chaque année, pour les pauvres, plusieurs vêtements qu'elles confectionnent elles-mêmes.

L'*Association des Enfants de Marie.* — Cette association, composée aussi de dames de la ville, visite à domicile les pauvres et leur donne des secours de toute nature.

La *Société de charité maternelle.* — Cette société s'occupe principalement des femmes pauvres en couches et de leurs jeunes enfants ; elle donne des soins et des secours aux mères et aux enfants.

Les *Sœurs de la Miséricorde.* — Elles se livrent aux exercices de piété, soignent et gardent les malades ; leur importante maison, avec chapelle, est située rue de la Paille, 14.

Les sœurs de la Miséricorde sont au Mans depuis 1836.

Orphelinats. — Deux orphelinats sont établis au Mans, l'un rue du Bourg-d'Anguy et l'autre à Saint-Pavin des Champs.

Société française de secours aux blessés des armées de terre et de mer. — Cette société, organisée depuis le 16 août 1870, vient en aide aux blessés chaque fois que son patronage peut leur être utile. Les secours annuels varient de 25 fr. à 100 fr. Un matériel d'ambulance est formé.

Monastère de l'Adoration perpétuelle du Saint Sacrement

Les religieuses de l'Adoration perpétuelle du Saint Sacrement, ordre de Saint-Augustin, tiennent pension de jeunes demoiselles et de dames depuis 1814. (Une école gratuite est aussi établie pour les enfants des indigents.) Dans l'emplacement de ce monastère il existait autrefois un couvent de capucins de l'ordre de Saint-François. Il y avait également près de là le monastère des Maillets, de l'ordre de Saint-Dominique, fondé au Mans en 1642. On donnait à ces religieuses l'épithète de *Coquette*, à cause de leur costume élégant et du luxe qu'avait l'intérieur de leur maison. D'après un factum, la bonne intelligence ne régnait pas entre toutes ces religieuses. Il y avait encore d'autres dissensions intestines dans cet établissement que nous croyons inutile de rapporter.

VI

On se rend de la place des Halles à l'église de la Couture et à la Préfecture, par les rues des Minimes, de Saint-Julien-le-Pauvre et de la Préfecture.

Eglise de la Couture

Saint Bertrand, évêque du Mans (587 à 624), fonda en 595 le monastère de la Couture et le dota d'une partie des biens considérables que possédait son évêché. A la fin du ix° siècle, les Normands le ruinèrent de fond en comble, et le terrain qu'il occupait fut mis en culture ; mais, vers la fin du xᵉ siècle, Hugues Iᵉʳ, comte du Maine, le fit rebâtir et le dota, ainsi que plusieurs évêques et un grand nombre de seigneurs de la province. Cette abbaye, de l'ordre de Saint-Benoît, congrégation de Saint-Maur, parvint à posséder plus de quatre-vingts cures dans le diocèse, un grand nombre de prieurés, de chapelles, dîmes et droits seigneuriaux dans plusieurs paroisses, fruits de dons, concessions et autres libéralités. Plusieurs évêques ont été enterrés dans ce monastère.

L'abbaye de la Couture faisait annuellement « 68 aumônes générales, de 8 livres de pain à chaque pauvre, les lundis et jeudis depuis la Toussaint jusqu'à la Saint-Jean-Baptiste, et 2 livres à chaque pauvre le jour du Jeudi saint. » Le nombre des pauvres qui se trouvaient à ces aumônes s'élevait à 5,000. Ce monastère avait haute, moyenne et basse justice.

Sur l'un des murs de l'église de la Couture, on lisait autrefois l'épitaphe d'un postillon qui avait conduit quatre rois de France et vécu 64 ans avec sa femme.

. . . .
Tortier servit, étant porté à cheval,
Quatre grands rois de France à mont et aval.
C'est à savoir le roi Louis onzième,
Le roi Charles, le roi Louis douzième,
Aussi François le premier de ce nom.
. . . .
Lesquels vécurent ensemble et comme jadis
Soixante-quatre ans accomplis,
En la maison leur manoir et lieu
De la Corne tout auprès l'Hôtel-Dieu.
L'an mil cinquante-neuf et encore quarante,
Lui fut payé de nature la rente,

Laissant en deuil maint son épouse,
Priant Jésus qu'un autre l'épouse.

Henri IV logea dans l'abbaye de la Couture quand il vint (1589) pour soumettre la ville du Mans.

Le 13 juin 1589, les faubourgs de la Couture et de Saint-Nicolas furent pillés par les troupes de Rochepot, gouverneur d'Angers.

L'église de la Couture ayant été vendue et démolie à la Révolution, la chapelle des religieux de l'abbaye dont nous venons de parler, a servi, depuis, d'église paroissiale. Le chœur et les bras de la croix sont du XI° siècle; les chapelles, les voûtes, une partie des piliers de l'intérieur, la nef et deux tours carrées appartiennent au XIII° et au XIV° siècles. Sur le linteau de la porte, on a représenté le jugement dernier. La chapelle placée sous le chœur et dans laquelle le corps de saint Bertiand fut déposé, est très curieuse. Il y a dans cette église, plusieurs tableaux de maîtres qui faisaient jadis partie du musée de la ville.

Le sommeil du prophète Élie dans le désert d'Horeb est dû au pinceau de Philippe de Champaigne (1) (école franco-flamande). Le vieillard est couché sur le dos et livré à un doux sommeil; la tête est très belle. Le dessin et la couleur des mains et des pieds ainsi que les draperies sont admirables. L'ange, placé debout à côté du prophète, est plein de charme et de grâce. Enfin le paysage est charmant.

Abraham recevant les anges est signé Jean Res-

(1) Né à Bruxelles en 1602, il se perfectionna sous le Poussin. Il mourut en 1674.

tout (1736, école française), c'est un élève de Jouvenet, son oncle. Le dessin des figures, un peu caché,
est cependant correct et plein de mouvement, les
draperies sont bien traitées.

Le Couronnement d'épines du Christ est attribué à
Bartholomeo Manfredi (1580-1617, école italienne).
La vigueur du dessin et du relief indiquent la main
du maître.

Le Christ portant sa croix, de Louis Carrache (1)
(1554-1619, école bolonaise), est un sujet qu'Annibal Carrache a reproduit plusieurs fois avec des
variantes.

Le Christ descendu de la croix, de Gérard Sechers
(1580-1657, école flamande). La beauté du dessin,
des figures et la fermeté des draperies, sont des plus
remarquables.

La Descente du Saint-Esprit, de Théodore Wan-
Talden (1607-1686, école hollando-flamande),
mérite aussi d'être signalée.

Pendant la guerre de 1870-1871, l'église de la
Couture servit de caserne aux troupes mobilisées.

Il y a environ trente ans, de nombreux travaux
ont été faits dans l'église de Notre-Dame de la Couture, parmi lesquels des peintures murales qui ne
sont pas du meilleur effet.

_____

(1) Louis Carrache, né à Bologne, fut élève du Tintoret
et maître d'Augustin et d'Annibal Carrache, ses deux cou-
sins. Louis Carrache excelle par l'élévation et le grandiose,
mais il laisse à désirer relativement à la couleur et au dessin. Annibal Carrache est regardé comme le plus grand
peintre de sa famille.

Hôtel de la Préfecture

Les religieux de l'abbaye de la Couture bâtirent, en 1770, l'édifice qui sert aujourd'hui d'hôtel de la Préfecture ; on remarque à l'intérieur un grand escalier en pierre éclairé de haut en bas par une seule croisée.

Les bâtiments de la Préfecture renferment le logement du préfet, ses bureaux, ceux de l'inspecteur d'Académie, du télégraphe ; une salle pour le conseil général ; plusieurs autres salles pour les archives départementales, qui contiennent des pièces depuis le x° siècle jusqu'à ce jour ; la bibliothèque de la ville, un musée de tableaux, d'antiquités, de minéralogie, etc.

Lors de l'entrée des Allemands à la Préfecture, le 12 janvier 1871, ils trouvèrent une certaine quantité de torpilles déposées sous le grand escalier ; aussitôt, l'idée leur vint qu'un complot avait été tramé contre la vie du prince Frédéric-Charles, que l'on avait médité de le faire sauter avec son état-major. On démonta les torpilles et on leur prouva qu'elles étaient vides.

Les Allemands volèrent de nombreux objets à la Préfecture, notamment 183 fr., des brassards de l'internationale, etc. C'est le 13 janvier qu'ils établirent leur quartier général à la Préfecture. Le lendemain, le comte de Kanitz, chargé de veiller à la cuisine du prince, demanda à la mairie 24 cuillères, 24 fourchettes, 36 couteaux, 20 bouteilles de bordeaux, 30 bouteilles de champagne, 2 bouteilles de madère, 2 bouteilles de liqueurs pour 6 heures et des bougies pour garnir les lustres. Chaque jour, pour le déjeuner, qui avait lieu à midi, il fallait que la mairie du Mans donnât 40 bouteilles de bordeaux, 40 bouteilles de champagne, 6 bouteilles de madère et 3 bouteilles de liqueurs, *sous peine d'amende remarquable.*

Le 15 janvier, la mairie a été obligée de fournir immédiatement 25 kil. de jambon, 13 kil. de saucissons, 13 kil. de langues, 5 douzaines d'œufs, 5 kil. de fromage parmesan, 15 kil. de rouelle de veau, 20 poulets, 6 dindes, 12 canards, 15 kil. de sucre en poudre.

Le menu pour les déjeuners et dîners, qui étaient à l'*Hôtel de France*, était à l'avenant.

Musée

L'origine du Musée remonte au 24 pluviôse an VII; il est ouvert tous les jours au public, de midi à 3 heures, excepté le lundi. Il renferme des antiquités gauloises, romaines, franques, égyptiennes, chinoises, etc.; on remarque un portrait en cuivre émaillé de Geoffroy le Bel, une statuette de femme assise sur un tronc d'arbre, des armes anciennes, des faïences de Nevers, un plat hispano-arabe à reflets métalliques, des coffrets en ivoire du xv⁰ siècle, des mammifères, oiseaux, reptiles, poissons, objets d'anatomie, produits végétaux, minéraux au nombre de près de cinq mille, roches, animaux invertébrés, fossiles au nombre de plus de mille appartenant presque tous aux divers terrains de la Sarthe; insectes, coquilles, polypiers, etc.

Notre Musée possède des tableaux de L. Mannozy,

d'Albert Durer, de Carles Wanloo, de Téniers, du Guide, de Franck, d'Hennequin, de Leroi, de Bitter, de Vander Meulen, de Philippe de Champaigne, de Julien, de Duvivier, de Cornille Brice, d'Adam Pynacker, de Carle Vernet, de Boullogne, de Garnier, de Cagnacci, de Baroche, de Ribeira, de Bellozzi, de Breughel, de Ferdinand Bol, de Werbruggen, de l'Albane, de Léonard de Vinci, de Jouvenet, de Jeanron, de Monanteuil, de Sorieul, de Hersent, etc.; divers tableaux des écoles française, flamande et vénitienne, plusieurs autres par Boisnard, Desjobert, Marc Duval, Jolivard, peintres sarthois. Ceux qui méritent le plus de fixer l'attention sont : *La Vierge tenant l'Enfant Jésus, le Jugement dernier, l'Alchimiste, le Sacrifice de Gédéon, Abigaïl venant au-devant de David, Horace poignardant Camille, Nabuchodonosor faisant tuer les enfants de Sédécias, une Femme peintre en prison, les Amours des dieux, Deux Enfants jouant avec une chèvre, une Croix du Saint-Esprit entourée de fleurs, un Tableau de nature, deux Tableaux de ruines, un Tableau décoratif, un Lavement de pieds, Calypso entourée de ses nymphes, l'Adoration des Mages, le Tintoret et sa fille, Diane de Poitiers aux genoux de François I*er*, la Sainte Famille, le Retour de l'Enfant prodigue, saint Sébastien, la déroute du Mans en 1793, la Préparation de la Croix, une Religieuse tenant une crosse,* plusieurs paysages, etc. (1).

La momie qu'on remarque au Musée fut appor-

---

(1) Il y a encore au Musée du Mans, vingt tableaux faits d'après le *Roman comique* de Scarron; ces peintures sont assez médiocres.

tée de Thèbes, en 1819, par M. de Montulé et donnée par lui avec beaucoup d'autres curiosités qu'il avait recueillies dans ses voyages. Cette momie vient de Gourneck (Haute-Egypte), situé sur la rive gauche du Nil ; elle a été prise dans la grande étendue de terrain nommée la *Plaine des momies*, plaine recouverte des débris des tombeaux que les Arabes retirent de vastes souterrains dont les emplacements ont cinquante mètres de longueur.

C'est dans l'un de ces premiers souterrains que cette momie fut retrouvée. Le luxe qu'on a mis dans ses enveloppes, le grand nombre de caractères et de peintures hiéroglyphiques qui décorent la caisse et les couvercles, ont fait dire aux Arabes que ce corps était celui d'une personne d'un rang très distingué.

La caisse et le couvercle sont en bois de sycomore, bois presque indestructible, qui croît lentement en Egypte et commence à devenir très rare.

On cesse d'être étonné des grands soins que se donnaient les Egyptiens pour la conservation de leurs morts, quand on sait que leur religion leur enseignait que les corps ressuscitaient après 3,000 ans ; c'est à cette croyance que nous devons les restes embaumés d'un certain nombre d'individus.

Cette momie a plus de 3,000 ans d'existence.

D'après une légende, cette momie est le corps desséché d'une princesse égyptienne, douée d'une beauté si parfaite, qu'elle charmait, il y a trente siècles, et la ville et la cour. Elle avait quinze ans quand elle fut demandée en mariage au roi son père, par un prince voisin de ses États. Une nombreuse réunion avait été conviée pour la cérémonie.

Le fiancé, déjà près de son beau-père et entouré d'un cortège d'amis, témoignait par ses regards inquiets, toute l'impatience de ne pouvoir voir encore celle qu'il aimait. Bientôt elle parut ; mais, pour arriver au palais de son père, il fallait qu'elle traversât un jardin qui séparait son appartement de celui du roi. Pendant ce court trajet, elle cueillit une fleur et fut piquée à la main par un aspic d'une espèce si venimeuse, que, malgré les soins qui lui furent prodigués, elle mourut au bout de quelques minutes.

Le célèbre Eugène de Pradel, à son passage au Mans, en 1838, a improvisé la pièce suivante ; c'est une physiologie statistique du Mans et de ses environs :

En fait d'esprit, je suis gourmet habile ;
Comme gourmand, je fais cas des marrons ;
Or on conçoit mon goût pour cette ville,
Où s'alluma la verve de Scarron.
De Saint-Michel la place un peu gothique,
Fut l'atelier de ses tableaux charmants,
Et, quand on rit à son *Roman comique*,
On doit garder le souvenir du Mans.

Ressuscitant de la chevalerie
Les jours naïfs, le triomphe éloigné,
Le bon Tressan, qui vous doit sa patrie,
Par ses récits enivrait Sévigné.
Aux vieux manoirs des campagnes voisines.
Il empruntait ses magiques romans.....
Grâce aux amours de ses *Belles Cousines*,
On doit garder le souvenir du Mans.

Mais Saint-Julien, devant ta basilique,
Avec respect mon front s'est incliné !
Que j'aime à voir ta nef mélancolique,
Ton chœur profond d'ogives couronné ;

Piliers géants, broderies en spirale,
Riches vitraux parsemés d'ornements.....
Quand on pria dans votre cathédrale,
On doit garder le souvenir du Mans.

Du fier Richard, la veuve délaissée,
Que les saints lieux ont vu prier, souffrir,
Tournant au ciel sa pieuse pensée,
Loin des grandeurs, ici voulut mourir.
Que du cercueil la planche soit légère
A ces débris de royaux ossements !...
Pour le tombeau que choisit Bérengère,
On doit garder le souvenir du Mans.

Dans ces sentiers, en vain tu te hasardes,
Me dira-t-on, prends un luth moins chagrin ;
Tu dois plutôt célébrer nos poulardes,
Comme l'eût fait un Brillat-Savarin.
Des bons morceaux ma muse est trop amie,
Pour refuser un refrain aux gourmands ;
Et, pour l'honneur de la gastronomie,
On doit garder le souvenir du Mans.

D'un vaste champ, la voie est élargie ;
Le progrès marche et n'ose s'égarer ;
L'art, la science, et même la bougie,
Tout n'a qu'un but, c'est celui d'éclairer.
Votre cité marquera des premières
Dans cet essor de nobles mouvements ;
Pour le tribut qu'elle apporte aux lumières,
On doit garder le souvenir du Mans.

Et puis encor, de plus d'un avantage,
Sans trop d'orgueil, on tire vanité :
L'air qu'on respire est pur sur ce rivage,
Plus douce encore est votre urbanité,
Le cœur se prend à des formes polies,
Votre accueil fait rêver d'heureux moments.
Quand on a vu vos femmes si jolies,
On doit garder le souvenir du Mans.

Bibliothèque

La Bibliothèque de la ville du Mans est ouverte au public tous les jours, de 11 heures à 4 heures, excepté les fêtes, les dimanches et mercredis. Elle se compose de 50,000 volumes, de 700 manuscrits du XIᵉ au XVIᵉ siècle, et des anciennes archives de l'hôtel de ville, comprenant près de 40,000 pièces. Une partie de ces ouvrages provient des différentes bibliothèques des abbayes de la Couture et de Saint-Vincent, qui furent supprimées en 1792.

La plupart des manuscrits sont en bon état ; plusieurs sont rares et intéressants ; il a y aussi des ouvrages d'un grand luxe. Cette Bibliothèque s'enrichit chaque jour de nouvelles publications scientifiques.

Les archives du département, situées à l'étage inférieur contiennent des chartes du Xᵉ au XVIIIᵉ siècle. Dans cette même salle, M. Ed. Guéranger a fondé un essai de musée paléontologique.

VII

On se rend de la Préfecture à l'ancienne abbaye de l'Épau, par les rues de la Préfecture, du Mouton, du Quartier-de-Cavalerie et de la route de Paris.

L'Épau

Près de la route de Paris, au milieu de belles et fertiles prairies, se trouvait jadis l'abbaye de l'Épau, de l'ordre de Cîteaux, fondée en 1228, par la reine Bérengère, femme de Richard Cœur de Lion ; elle créa cette maison, dit une charte, « parce que se voyant accablée sous le pesant fardeau de ses pé-

chés, sentant d'autant plus le poids de sa petitesse
et de sa misère que ses richesses temporelles étaient
plus grandes, elle avait conçu le projet d'édifier ce
monastère qu'elle mit sous la protection de la mère
de Dieu, n'en trouvant point de plus puissante. »
Le territoire que Bérengère assigna pour établir
cette maison, contenait 46 acres de bois, 7 acres de
prairies et 2 acres de jardin. Saint Louis donna aux
religieux une rente perpétuelle de 50 livres tour-
nois, une charretée de bois mort à prendre dans la
forêt de Longaunay, et un bourgeois du Mans de
moyenne condition.

Près de ce monastère, Bérengère possédait un
moulin dont le bruit, suivant les religieux, les trou-
blait pendant les heures de prières, et ils en de-
mandèrent la destruction ; la souveraine du Maine,
qui ne se pressait pas de leur donner satisfaction,
vit quelqu'un qui lui dit : « Donnez-leur cette usine
et vous verrez qu'ils ne se plaindront plus. » Bérengère suivit le conseil, le moulin continua de tour-
ner et les moines ne se sentirent plus incommodés
par le bruit.

Vers 1497, Jean de la Jaille et Macé Pétiot se dis-
putaient le siège vacant du monastère de l'Épau.
Le premier était appuyé par les religieux et le se-
cond était soutenu par des habitants de la ville du
Mans et par quelques officiers de l'ordre judiciaire.
Ces derniers pénétrèrent une nuit dans l'abbaye,
déguisés en diables, entraînèrent dans un bois Jean
de la Jaille et ses partisans, les déshabillèrent et les
battirent à outrance ; un procès s'ensuivit, et, quelque temps après, on crut être parvenu à concilier
les deux concurrents, quand, un jour qu'ils étaient

couchés tous deux dans le monastère, Jean de la Jaille fut assassiné.

L'abbaye de l'Épau fut ravagée en 1365, par les habitants du Mans, et reconstruite au commencement du xv° siècle ; il ne reste plus que l'église, qui est une œuvre remarquable ; elle sert aujourd'hui de magasins de fourrages. Au xvii° siècle on y voyait un tableau qui blessait les convenances sociales et religieuses ; il représentait saint Bertrand, à genoux et en extase devant la sainte Vierge, aspirant le lait qu'elle faisait ellemême jaillir de son sein découvert. En 1764, le vénérable prieur, entendant les propos qu'il occasionnait, le cacha dans la sacristie. M. Joubert, chanoine de Saint-Maurice à Angers, est possesseur de cette peinture. On ne sait ce qu'est devenue une statue de saint Bertrand, attribuée à Germain Pilon, qui était aussi placée dans ce monastère.

La reine Bérengère fut enterrée dans l'abbaye de l'Épau ; en 1821, son tombeau fut transporté dans la cathédrale où on le voit actuellement.

Les enfants de feu M. Charles Thoré sont propriétaires de cet ancien monastère.

VIII

On se rend de l'Épau aux Carmélites et au collège des Jésuites par la route de Paris et la Grande-Rue-Notre-Dame.

Carmélites

Entre l'ancienne abbaye de l'Épau et le collège des Jésuites, se trouve la communauté des Carmé-

lites, religieuses cloîtrées de l'ordre du Mont-Car-
mel, établie au Mans par Mgr Carron ; elles prirent
possession de la maison qu'elles occupent en 1830.
Ces religieuses ont édifié une chapelle où le public
est admis. Elle a été consacrée le 31 août 1853.

Elles font l'école gratuitement aux jeunes filles
pauvres.

Collège des Jésuites

L'ancienne congrégation des Frères de Notre-
Dame de Sainte-Croix s'institua au Mans en 1835 ;
son église commença à se bâtir en 1852 et fut consacrée le 17 juin 1857 par le cardinal-archevêque
de Bordeaux. Cet édifice, en style ogival du XIIIe
siècle, offre un ensemble d'un assez bel effet.

Cette maison tenait pension depuis 1836 ; son
enseignement était le même que celui des lycées
(1849).

Il y avait deux cimetières près de là, celui des
Frères et celui de la commune de Sainte-Croix,
fondés en 1849. Près de là aussi, il y avait eu autrefois un cimetière de Huguenots ; ils en avaient
encore établi un autre en dehors de l'ancienne
paroisse de Saint-Ouen.

En 1651, le duc de Beaufort campe 5,000 hommes
de troupes sur les buttes de Gazonfier.

Le vaste établissement de la congrégation des
Frères de N.-D. de Sainte-Croix, fondé par l'abbé
Moreau, a été vendu en 1869 à M. le marquis de
Nicolay. Depuis 1870, il est entre les mains des
Jésuites qui l'ont converti en collège.

Le 12 janvier 1871, les Allemands ont mis 500 chevaux dans les classes où était établie une ambulance pour nos soldats. Un fourgon, couvert de la croix de Genève, a été forcé et pillé.

IX

On se rend du collège des Jésuites à la Visitation, par les rues de l'Éventail, de Flore (1) et de Champ-Garreau.

Visitation

Les religieuses cloîtrées de la Visitation, de l'ordre de Saint-François de Sales, achetèrent, vers 1828, un vaste terrain rue Champ-Garreau, et y élevèrent leur maison et une assez jolie chapelle où le public est admis; elles s'y établirent en 1829.

Les visitandines reçoivent comme pensionnaires des dames âgées et infirmes; elles ne tiennent plus pensionnat (1) de jeunes personnes depuis 1878.

Les bâtiments de l'ancien monastère de la Visitation sont occupés aujourd'hui par le palais de justice, les prisons, etc. (Voy. p. 8.)

(1) Les sœurs d'Evron, de Ruillé, du Sacré-Cœur et les Marianites tiennent pension, à la Couture, à Saint-Julien et à Sainte-Croix; deux autres pensions de dames laïques méritent également d'être indiquées, ce sont celles de Mlle Gondard et de Mme Duport, rue de la Barillerie.

La congrégation des sœurs Marianites de Sainte-Croix a été fondée par l'abbé Moreau, en 1841, pour l'instruction des jeunes filles, les asiles, les orphelinats et ouvroirs, le soin des malades dans les hôpitaux et à domicile.

Banque de France

Au carrefour de l'Etoile se trouve la maison bâtie par feu M. Mauboussin, ancien notaire, laquelle est occupée par la succursale de la Banque de France.

X

On se rend du carrefour de l'Etoile à la Recette générale et à l'hôtel du grand commandement du 4e corps d'armée par les rues de la Grimace et du Bourg-d'Anguy.

Recette générale. — Hôtel du grand commandement

La maison du Receveur général n'offre rien de remarquable.

Nous en dirons autant de celle du grand commandement du 4e corps d'armée.

XI

On se rend de la place des Halles à la caserne de la Mission par les rues des Minimes et Basse.

Caserne de la Mission

La maison des prêtres de la Mission fut édifiée vers 1180 par Henri II, roi d'Angleterre et comte du Maine, pour y établir un hospice en faveur des malades indigents, sous le nom d'hôpital de Coëffort, sur le lieu même où, dit la tradition, l'arrière-garde de son armée remporta une grande victoire. A la fin du XIV⁰ siècle, ces prêtres formèrent un collège de chanoines, de l'ordre de Saint-Augustin ; en 1645, ils convertirent en église la vaste salle des malades ; plus tard, les Lazaristes vinrent les remplacer et bâtirent la maison que l'on voit actuellement ; on y plaça le séminaire ; enfin, depuis 1817, elle sert de caserne.

En 1640, saint Vincent de Paul vint visiter cette maison où les Lazaristes avaient été appelés par Emeric-Marc de la Ferté, évêque du Mans.

L'église de la Mission, qui avait été décorée à neuf en 1742, sert aujourd'hui d'écurie pour loger les chevaux du régiment de cavalerie. L'intérieur de ce monument est remarquable par la légèreté et l'élégance des colonnes sur lesquelles viennent se reposer les pendentifs des voûtes. Le beau portail occidental est du XII⁰ siècle. Les stalles qu'on y voyait ont été placées dans l'église de Savigné-l'Évêque.

En 1793, cette maison servit de prison aux prêtres destinés à la déportation, pour avoir refusé le serment à la constitution civile ; on y mit aussi les hommes et les femmes vendéens faits prisonniers lors de la déroute du Mans. La municipalité leur donnait par jour à chacun trois pommes de terre à manger, mais la charité des habitants y suppléait. Les hommes furent tous condamnés à mort par le tribunal révolutionnaire, ils étaient au nombre de 400. Ils furent fusillés à Pontlieue par groupes de 30 à 40. Les femmes furent mises en liberté.

En entrant au Mans, le 12 janvier 1871, les artilleurs prussiens dirigèrent leur feu sur la caserne

de la Mission, malgré le drapeau de Genève qui aurait dû protéger cet édifice ; ils faisaient impitoyablement pleuvoir leurs projectiles sur cette maison,
convertie depuis quelque temps en ambulance et
remplie de malades et de blessés. On s'empressa de
procéder à l'évacuation et les Prussiens y installèrent leurs varioleux.

On fusilla près de là, en 1870, plusieurs individus
convaincus d'accointances avec l'armée allemande.

De nouvelles et importantes constructions viennent
d'être faites pour l'école d'artillerie, les quartiers
d'artillerie, les harnachements, les magasins aux
fourrages, les magasins aux voitures d'artillerie, la
poudrière, la manutention, etc. Ces constructions
permettent de loger plusieurs régiments de cette
arme. Le champ de tir à longue portée, annexe de
l'école d'artillerie, a près de 7 kilomètres de long ;
on a exproprié près de 1,600 hectares de terrains
pour cet établissement, non compris l'expropria-
tion pour l'établissement du parc des fourrages.

Église de Pontlieue

Saint Berard, qui avait construit l'église de
Pontlieue, y fut enterré en 654 ; cette église a été
rebâtie il y a environ quarante ans et est dédiée à
saint Martin.

En 836, écrit Bondonnet, on transporta les reliques de saint Liboire, évêque du Mans (337-380), à
Paderborn. Lors du passage de ces reliques à Pontlieue, une sourde et une muette furent miraculeu-
sement guéries.

En 1589, les Ligueurs brûlèrent une partie des
maisons de Pontlieue ; en 1793, l'armée républicaine

et la garde nationale fortifièrent le pont construit sur l'Huisne en 1771, et coupèrent deux arches pour empêcher l'armée vendéenne d'entrer au Mans ; la lutte s'engagea et les royalistes s'emparèrent de la ville. Ces arches n'ont jamais été refaites.

En 1799, les Chouans s'emparent de Pontlieue.

En 1814, le duc d'Angoulême passe à Pontlieue.

En 1843, le duc de Nemours, en venant au Mans, traverse Pontlieue.

En 1858, l'Empereur passe deux fois à Pontlieue pour venir au Mans.

On a trouvé à Pontlieue une urne en marbre blanc, des débris d'amphores, des médailles romaines.

Le 12 janvier 1871, les mobilisés de Bretagne, mal armés et qui n'avaient jamais vu le feu, furent chargés de défendre le Tertre-Rouge ; aux premiers coups de canon des Prussiens, ils prirent la fuite et l'ennemi entra au Mans par Pontlieue.

Ancien Pont de Pontlieue et Scarron

C'est sous l'une des arches de l'ancien pont de Pontlieue, dont nous venons de parler, que les chroniqueurs prétendent que s'est réfugié Scarron. Voici ce que l'on raconte :

Le mardi gras de 1638 (1), l'abbé Scarron, âgé de

(1) Anciennement les tanneurs et mégissiers étaient obligés de se réunir le mardi gras, à une heure après midi, à la Couture, pour tirer la bille, jeu qui consistait à renvoyer une balle avec des bâtons armés de massues. Les joueurs se dirigeaient ensuite vers Pontlieue, poursuivant la balle

27 ans, l'auteur du *Roman comique*, poussé par la gaieté originale de son esprit, et voulant « réjouir outre mesure cette bonne ville du Mans dont il était l'âme, dit Alexandre Dumas, s'était fait frotter de miel par son valet ; puis, ayant ouvert un lit de plume, il s'était roulé dedans ; de sorte qu'il était le plus grotesque volatile qu'il fût possible de voir. Il s'était acheminé dans cet étrange costume sur la route de Pontlieue et faisait des visites à ses amis et amies. On avait commencé par le suivre avec ébahissement, puis avec des huées, puis les crocheteurs l'avaient insulté, puis les enfants lui avaient jeté des pierres, puis enfin il avait été obligé de prendre la fuite pour échapper aux projectiles. Du moment où il avait fui, tout le monde l'avait poursuivi, pressé, traqué, relancé de tous côtés ; » Scarron, pour échapper aux regards de son escorte, et n'être pas reconnu, se jeta dans la rivière de l'Huisne, sous une des arches de l'ancien pont. Il nageait comme un poisson, mais l'eau était glacée ; il était en sueur, le froid le saisit ; en atteignant l'autre rive, il devint perclus de ses membres pour le reste de ses jours.

jusqu'au pont. Le juge du comté du Maine ou son représentant, en robe noire, précédé d'un trompette et accompagné du greffier et des huissiers du tribunal, traversaient la foule des curieux et des masques, et allaient dans une auberge dresser procès-verbal. Le propriétaire de l'auberge devait servir au magistrat un pâté de crêtes de coq, deux bouteilles de vin de Beaugency et quatre pains mollets.

Depuis, on se portait encore en foule ce jour-là, sur la route de Pontlieue, les uns pour étaler le luxe de leurs équipages, les autres pour se promener et d'autres enfin pour voir ; aujourd'hui, les masques et les équipages ont presque complètement disparu.

Ce récit publié par Beaumelle, en 1755, dans les Mémoires de Mme de Maintenon (1), imprimés à Amsterdam, et raconté depuis par A. Dumas et plusieurs de nos chroniqueurs, n'a pas le moindre fondement.

Ménage, qui a beaucoup connu Scarron, dit que plusieurs personnes prétendaient que sa difformité était le résultat d'une suite de quelques débauches, et qu'une maladie si incurable ne pouvait avoir d'autre cause. Scarron ne convient point de cela et explique ainsi lui-même sa maladie et sa difformité : « Je tombai dans une fièvre continue qui fut suivie d'un long rhumatisme. Je commençai à guérir, je sortis de ma chambre appuyé sur un bâton, je rencontrai un jeune médecin, je le consultai, il m'envoya une médecine qui devait finir de me guérir ; elle me brûla les nerfs, et je sentis une si terrible contraction que jamais homme n'a été plus estropié ni plus contrefait. »

Cimetière de Pontlieue

Il y a dans le cimetière de cette ancienne commune un monument funèbre composé d'une pyramide d'environ 5 mètres de hauteur, posée sur un socle ; au-dessus on remarque sculptés une grande quantité d'attributs guerriers, tels que sabres, canons, casques, képis, mitrailleuses, fusils Chassepot, etc. Sur chacune des arêtes est posée une torche renversée. Sur la façade est sculpté un fusil Chassepot. Au sommet du monument

(1) On sait que la veuve du poète Scarron, Mme de Maintenon, épousa Louis XIV.

se trouve une urne funéraire surmontée de flammes et d'où sort une croix. On lit sur l'une des faces de la pyramide l'inscription suivante :

TOMBEAU

A LA MÉMOIRE

DES SOLDATS MORTS

A LA DÉFENSE DU MANS

LES 9, 10, 11 ET 12 JANVIER

1871

PASSANT PRIEZ POUR EUX.

Ce monument est dû au ciseau de M. Trigeon.

Monument funèbre

Un autre monument funèbre, situé au rond-point de la lune de Pontlieue, vient encore d'être élevé à la mémoire des soldats de la Sarthe tués pendant la guerre de 1870-1871 ; leurs noms et leurs grades sont gravés sur le piédestal et sur les faces de la pyramide tronquée.

Ce monument est le produit d'une souscription due à l'initiative particulière. Il a été exécuté conformément au modèle de M. Cosnard, sculpteur au Mans. Il est fait en pierre de granit.

XII

On se rend de la caserne de la Mission à l'Abattoir, par le chemin de ronde du chemin de fer, les rues du Bourg-Belé et de l'Abattoir.

Abattoir

La première pierre de l'Abattoir de la ville du Mans a été posée, le 28 juin 1846, par M. Trotté-

Delaroche, maire, et MM. Godefroy et Platon Vallée, adjoints; des augmentations considérables y ont été faites depuis.

XIII

On se rend de l'Abattoir à l'Asile des Aliénés, par les rues de Coëffort et du Gué-de-Maulny.

Asile des Aliénés

Les constructions de l'Asile des Aliénés ont été commencées en 1829, d'après les plans de M. Delarue, architecte du département de la Sarthe. Cet établissement, qui ne laisse rien à désirer, se compose de huit corps de bâtiment principaux, de galeries couvertes et séparées par des promenades plantées d arbres, une belle grande cour dont la chapelle occupe le fond, et par de beaux et vastes jardins. Les bureaux, la pharmacie, la lingerie, la cuisine, le logement des religieuses, etc., sont placés dans un grand bâtiment édifié au centre de la cour; diverses autres constructions ont encore été faites pour le directeur de l'établissement, le médecin, le receveur-économe, le concierge, les salles de bains, etc. Cet établissement a une superficie de 15 hectares.

Les aliénés sont admis dans cette maison depuis 1834.

Le prix des pensions annuelles est, pour la première classe, de 1,500 à 2,000 fr.; pour la seconde classe, 1,200 fr.; pour la troisième classe, 800 fr.; et pour la quatrième classe, 500 fr.

Des conventions particulières ont lieu pour les pensions de haute classe, donnant droit au logement dans un pavillon particulier ou à un surveillant spécialement attaché à la personne de l'aliéné.

Le service intérieur de l'asile et les soins personnels de la section des femmes sont confiés à des sœurs de la charité d'Evron.

Le Gué-de-Maulny

Près de l'Asile des aliénés existait au XIVe siècle le château fort du Gué-de-Maulny où naquit en 1319, *Jean le Bon*, fils de Philippe VI de Valois. Ce château fut détruit par les Anglais en 1369. On trouva plus tard sur une pierre l'inscription suivante :

L A. MAINO. EQ. OB.
EIVS MERITA. PLEBS.
VRBANA. SENOMAN. D.

En 1854, on établit aux écluses du Gué-de-Maulny, un puissant moteur qui élève à volonté les eaux de la rivière l'Huisne et par un système de canaux en fonte donne de l'eau à la gare et dans toutes les parties de la ville (1).

_____

(1) En 1851, l'administration municipale fit réparer la magnifique canalisation romaine qui part du haut de la vallée d'Isaac et débouche dans la rue de Tessé et donne de l'eau à l'évêché, aux fontaines des places Saint-Michel, Saint-Pierre, de la Grande-Rue, de la Cigogne et de la Poissonnerie. Cette canalisation restaurée a remplacé l'ancienne conduite en plomb et en terre cuite, faite par saint Aldric, évêque du Mans. Une partie de ces eaux venait des buttes

Dans un autre corps de bâtiment on a logé des mobiles en 1870; les Prussiens s'y sont établis en 1871. Cette espèce de caserne sert au logement des troupes de passage.

XIV

On se rend de l'Asile des Aliénés à la Gare, par la rue du Gué-de-Maulny et le chemin de ronde.

La Gare

La Gare, d'ordre dorique, percée d'arcades à plein-cintre et couverte d'une imposante charpente en fer, offre un aspect monumental.

La grande galerie vitrée a 135 mètres de longueur sur 24 de largeur, elle couvre quatre voies et deux larges trottoirs. Les bâtiments des salles d'attente et des bagages ont une longueur de 105 mètres. La remise à locomotives circulaire a 66 mètres de diamètre. La pierre des bâtiments a été extraite de Bernay. Tous les marbres de la Gare sont le produit des carrières de la Sarthe.

La concession du chemin de fer de l'Ouest fut faite en 1851, et la ligne fut inaugurée le 28 mai 1854; depuis cette époque, plusieurs autres constructions ont encore été faites pour loger les locomotives, les wagons et les marchandises.

En 1858, la ville du Mans a été mise en commu-

---

de Gazonfier. — On sait que la ville du Mans est bâtie presqu'au sommet du grand bassin géologique qui verse ses nappes d'eau souterraines à 1,800 pieds de profondeur dans la vallée de la Seine près Paris.

nication avec la ligne d'Orléans par le chemin de fer du Mans à Tours. Depuis la ligne du Mans à Angers a été ouverte.

D'élégantes maisons sont bâties près de la Gare et de nouvelles constructions se font encore le long de la rue d'Accès.

En 1870, plusieurs des salles d'attente de la Gare furent converties en ambulances. Le 12 janvier 1871, les Prussiens entrant au Mans, occupèrent militairement toute la Gare, qui après avoir pillé la literie, les meubles renfermant la pharmacie et les ustensiles à pansements, y installèrent des chevaux et un poste.

Du 1er novembre 1870 au 12 janvier 1871, plus de 20,000 malades ou blessés ont traversé le Mans sans y avoir été hospitalisés. Sur ce nombre, les deux tiers n'ont séjourné que quelques heures aux ambulances de la Gare, et le dernier tiers est entré à l'hôpital et dans d'autres ambulances jusqu'à l'époque de l'évacuation.

Il y a eu, du 1er novembre au 20 avril, 21,482 malades hospitalisés au Mans, qu'on peut diviser en trois classes : fiévreux, 13,158, varioleux, 4,551, blessés, 3,773. La moyenne générale de la mortalité a été de 8,17 0/0.

Il a été reçu à l'hôpital et dans les 33 ambulances subventionnées par l'Etat, 19,300 malades.

Dans les 70 ambulances gratuites : au séminaire 986 malades et dans les 69 autres ambulances 1,196 malades.

L'intendance a alloué aux ambulances subventionnées par l'Etat 304,848 fr. 50, et la charité privée a dépensé environ 60,000 fr.

Sur 150 élèves de notre séminaire, plus de 80 sont partis comme infirmiers à la suite de nos armées, 18 se sont engagés dans les zouaves, et ceux qui sont restés au Mans ont secondé les sœurs de charité dans les diverses ambulances de la ville.

Les Docks

Ce vaste local situé près de la Gare servit aussi d'ambulance, en 1870, à nos blessés. Les Prussiens en arrivant à la Gare et aux Docks se sont répandus promptement dans les maisons voisines, enlevant tout ce qui était à leur convenance, dévalisant les armoires et liqueurs des cafés et pillèrent le plus qu'ils purent. Dans la nuit du 11 au 12 janvier, les Docks et la Gare reçurent plus de 2,000 blessés et plus de 800 traînards qui furent conduits à la chapelle de la Gare et dans l'église de la Couture.

Chapelle de la Gare

La chapelle de la Gare, située rue d'Accès, est du style roman. Elle a été construite en 1864 et est due à l'initiative de M. l'abbé Deslais, curé de la Couture, et à des dons volontaires. Cette chapelle a été édifiée sur le plan de M. Darcy, architecte, et est dédiée à saint Joseph. Elle est une succursale de la Couture. Le 12 janvier 1871, ce monument fut converti en ambulance par l'armée ennemie.

Promenade du Greffier

Près de la Gare se trouve la promenade du Greffier; elle longe la rive gauche de la Sarthe, a des vues sur de verdoyantes prairies et sur des coteaux (1) où sont bâties de jolies maisons de campagne. En 1848, on a abattu les tilleuls qui l'ornaient et refait les allées, qui étaient trop étroites ; son exposition à l'ouest, les nuages de moucherons qui, pendant l'été, en couvrent les parties inférieures, sont une des causes qui en éloignent le public.

A l'extrémité de cette promenade on avait bâti, au xvi° siècle, l'hospice du Sanitas pour recevoir les indigents atteints de maladies épidémiques ; ces constructions n'existent plus.

Caserne du Greffier

En 1860, l'administration municipale du Mans fit construire sur l'ancien quinconce des promenades du Greffier, des magasins de réserves pour la boulangerie, dits *Grenier d'abondance*. Peu de temps après ces magasins furent convertis en caserne de dépôt d'infanterie.

A l'époque de la guerre de 1870-1871, cette caserne fut convertie en ambulance, et, quand les Allemands s'emparèrent du Mans, ils y placèrent les vénériens et les galeux.

---

(1) Les coteaux de Gazonfier au levant, et de Saint-Georges au couchant, offrent de tous côtés les sites les plus pittoresques, les plus riants paysages. « De ces hauteurs on voit réunis, comme dans un tableau, tous les genres de culture du département : dans les vallées qu'arrosent l'Huisne et la Sarthe, des prairies entrecoupées de longues lignes de peupliers ; sur les terrains plus élevés, des moissons de toute espèce; sur les coteaux, des plants de vigne ; enfin, vers le midi, des bois de pins à l'horizon. »

On assure que la caserne du Greffier sera pro-chainement convertie en magasin d'habillement.

Viaduc du Chemin de fer

La pose de la première pierre du Viaduc cons-truit sur la rivière la Sarthe, à la sortie de la Gare du Mans, a eu lieu le 19 décembre 1852, en présence du préfet, M. Pron, des membres du con-seil de préfecture, du maire de la ville du Mans, du conseil municipal, des ingénieurs, etc.

Un procès-verbal sur parchemin, signé de tous les fonctionnaires, a été déposé dans une boîte de cuivre avec les différents types de monnaie en or, argent et billon à l'effigie de l'empereur. La boîte a ensuite été scellée dans le massif du viaduc.

Pont du Greffier

Le pont en fil de fer et à péage du Greffier a été commencé en 1847 ; il fut détruit le 12 janvier 1871 par l'armée française pour protéger sa retraite, et réédifié en maçonnerie avec arcs métalliques en 1873.

Usine à Gaz

Cette usine a été bâtie par une société en 1844 ; les années suivantes, un traité fut passé entre cette société et l'administration municipale pour l'éclai-rage au gaz de plusieurs de nos monuments, places publiques et rues ; un certain nombre de commer-çants ne tardèrent pas non plus à se servir de ce nou-veau mode d'éclairage. — Ce n'est qu'en 1697 qu'un édit de Louis XIV força les habitants du Mans à établir des réverbères.

Le 12 janvier 1871, le directeur de l'usine à gaz, voyant l'armée ennemie entrer au Mans, s'empressa d'abandonner son poste ainsi que plusieurs de ses amis. Les Allemands menacèrent de mettre la ville à feu et à sang, prétendant qu'en laissant la ville dans l'obscurité on voulait assassiner ses soldats.

Manufacture des Tabacs

Cet établissement date de 1877 et est situé derrière l'usine à gaz.

Le bâtiment où on a installé les ateliers peut contenir de 500 à 700 ouvrières.

On espère que bientôt l'Etat prendra des engagements définitifs avec la ville pour la création de cette manufacture, et que de nouveaux bâtiments seront prochainement édifiés.

Port et Quais

Le 28 juillet 1839, la première pierre du port du Mans et des quais, en aval du pont Napoléon (1), fut posée par M. Thomas, préfet de la Sarthe, assisté de M. Basse, maire du Mans, et MM. Landel et Leprince, adjoints.

_____

(1) Le pont Napoléon a été commencé en 1809, plus tard il fut appelé pont Royal, et un arrêté du maire du Mans, du 10 mars 1832, lui restitua son premier nom.

Les excavations nécessitées pour les fondations, firent découvrir plus de deux mille fragments de poterie romaine dont une partie fut déposée au musée.

XV

On se rend des quais à l'église de Saint-Pavin par
les rues Napoléon, Saint-Pavin et du Pavé.

Eglise de Saint-Pavin.

Les murs de l'église de Saint-Pavin offrent des
parements en petit appareil, avec des rangs de briques ; sa construction remonte évidemment au xi^e
siècle. On remarque à l'intérieur les vestiges d'un
cercueil en pierre coquillère qu'on croit être celui
de saint Pavin, mort dans le vi^e siècle. Cet édifice,
qui a des ouvertures cintrées, est petit et dans un
mauvais état.

Saint Pavin avait été envoyé dans cette contrée
par saint Domnole, évêque du Mans (560 à 582),
pour diriger l'hospice qu'il venait de créer.

Caserne d'infanterie

A quelque distance de l'église de Saint-Pavin,
l'Etat et la ville du Mans ont construit, de 1875 à
1877, une belle caserne d'infanterie.

Ces bâtiments et ceux des nouvelles casernes de
la Mission, ont été nécessaires pour l'établissement
au Mans du quartier général du 4e corps d'armée (1), qui comporte : la résidence du général en
chef et de l'état-major général, le centre des ser-
vices administratifs du corps d'armée et la résidence de l'intendance militaire, le siège d'un conseil de guerre (2), le quartier général de la

(1) Loi du 24 juillet 1873.
(2) Le conseil de guerre est établi dans une maison de la
rue du Greffier.

division d'infanterie et la résidence du général commandant et de son état-major, le quartier général de la 4ᵉ brigade d'artillerie, le chef-lieu de la 6ᵉ direction du génie et la résidence du colonel directeur, le quartier général de la 14ᵉ brigade d'infanterie et la résidence du général commandant, la résidence de l'état-major de la 5ᵉ légion de gendarmerie, et enfin une subdivision de région des réservistes et de l'armée territoriale.

La caserne d'infanterie est composée de trois corps de bâtiment principaux : l'un faisant face à l'entrée principale qui est du côté de la ville, les deux autres, de chaque côté, laissant voir à leur extrémité, à droite et à gauche du bâtiment central, les cuisines. Derrière cette construction sont les cantines. Le long de la route de Laval sont les magasins, sorte de hangars pour les voitures, fourgons et équipages du régiment. A droite de la porte d'entrée se trouvent le poste, la prison, la salle de police et les cellules de correction ; à gauche la loge du casernier, des salles de discipline comme à droite, et à l'angle de la cour la poudrière.

XVI

On se rend de la place des Halles à la Halle aux toiles et aux chanvres, par les rues du Port et de la Halle.

Halle aux toiles et aux chanvres

En 1843, M. Lebarbier, entrepreneur au Mans, commença à bâtir la Halle aux toiles et aux chanvres sur un vaste terrain cédé gratuitement à la ville par M. Maulny.

Pour que cette Halle présentât un beau coup d'œil, il aurait fallu ouvrir une place au-devant dans toute la largeur de la façade du monument, jusque sur la rue du Port, afin de le bien découvrir, ou en construire la façade sur le bord même de la rue.

En 1870, la Halle aux toiles et aux chanvres fut transformée en ambulance pour nos soldats blessés, et le 12 janvier 1871, les Allemands les chassèrent pour y mettre leurs blessés.

XVII

On se rend de la place des Halles à la place de l'Eperon et à la Poissonnerie, par la rue du Cornet.

Place de l'Éperon

La place de l'Eperon date de 1691 ; elle fut élargie en 1740. Le marché au bois s'y tient les lundis et les jeudis, et le marché aux légumes les vendredis.

C'est sur la place de l'Eperon qu'un engagement à la baïonnette eut lieu en 1793, entre les troupes républicaines et les troupes vendéennes ; plus de 5,000 de ces derniers furent tués ou blessés sur les places ou dans les rues. Cette place paraît aussi avoir été le théâtre d'un combat particulier qui eut lieu entre La Rochejaquelein et le général Marceau, combat resté sans résultat, les soldats des deux partis ayant séparé les deux illustres ennemis.

Poissonnerie. — Fontaine de Saint-Julien

La poissonnerie fut établie sur la place de l'Éperon en 1734 ; près de là se trouve la fontaine de Saint-Julien, au-dessus de laquelle est un bas-relief représentant le prélat en habits sacerdotaux, faisant jaillir de l'eau près d'une jeune fille tenant un vase à la main. On croit que c'est avec cette eau que saint Julien baptisait les nouveaux chrétiens. Suivant le docteur Lebrun, cette eau est la moins bonne de toutes les fontaines de la ville du Mans ; elle contient beaucoup de muriate de magnésie, de chaux et de sulfate calcaire ; une autre fontaine a été établie près de là.

Hôpital général

Près de la place de l'Éperon, on voit une autre petite place où est situé l'Hôpital général, créé en 1658 par lettres patentes de Louis XIV, et doté des biens et revenus des maladreries, léproseries, aumôneries, des Ardents, du Sépulcre, de Coulaines, etc., lesquels ont été supprimés et réunis à l'hôpital, qui acquitta toutes les charges et obligations imposées à ces établissements.

Les administrateurs de cette maison en commencèrent la construction ainsi que celle de l'église en 1662. A côté on éleva, en 1765, d'autres bâtiments auxquels on donna le nom d'Hôtel-Dieu ; trois salles furent destinées aux malades. En 1821, le roi, sur la demande des autorités locales et du conseil général, ordonna la création d'une succursale à l'hôpital, appelé hôpital Dieudonné ; une nouvelle salle fut aussi édifiée à l'Hôtel-Dieu ; enfin, en 1854 et depuis de nouvelles constructions, qui ne laissent rien à désirer dans ce genre, ont encore été ajoutées au quartier militaire, parmi lesquelles on remarque une jolie chapelle dont la disposition permet à tous les malades d'assister aux offices sans se déranger de leurs lits ou de leurs salles. Tous ces bâtiments sont entourés de grandes cours et de beaux jardins.

L'Hôpital général est divisé en deux parties : l'hôpital ou Hôtel-Dieu et l'Hospice.

L'hôpital reçoit : 1° les malades civils, hommes, femmes et enfants au-dessus de 10 ans, atteints de maladies aiguës ou blessés accidentellement ; 2° les malades indigents des communes privées d'établissements hospitaliers, lorsqu'il y a des lits vacants et moyennant le prix de la journée ou de pension fixé par le préfet ; 3° les malades, blessés militaires et marins ; 4° les teigneux ; 5° les galeux ; 6° les vénériens ; 7° et les femmes enceintes. L'hôpital peut recevoir 600 à 700 lits.

L'hospice admet : 1° les vieillards indigents des deux sexes, invalides et valides ; ils sont au nombre de 110 à 115 ; 2° les orphelins pauvres ; 3° les incurables indigents des communes privées d'établissements charitables, lorsqu'il y a des places vacantes, moyennant le prix de journée ou de pension fixé par le préfet ; ils sont au nombre de 60 ; 4° enfin les aliénés déposés par l'autorité, en attendant leur transport à l'Asile.

Le service d'administration des enfants assistés de la Sarthe, créé dans cet établissement et organisé par feu M. l'abbé Dubois, est et sera longtemps le modèle de tout ce qui a été fait jusqu'ici.

Les enfants assistés sont au nombre de 110 à 120.
Il y a 270 lits pour les malades civils et militaires.

Les administrateurs de l'hôpital sont au nombre
de sept. L'hôpital est desservi par 32 sœurs
d'Evron. En 1870 et 1871, il regorgeait de malades.
C'était un spectacle navrant.

Halle à la Boucherie

Vers 1693, on construisit, sous le nom de *Bouche-*
ries, le bâtiment destiné à cet usage. Il fut situé
près des Bas-Fossés, au delà des murailles gallo-
romaines, dans la rue qui prit ce nom. Pour favoriser les relations de la Cité avec la Halle aux vian-
des et les autres établissements de la ville basse, on
ouvrit alors ces murailles, et l'on construisit le
vaste escalier qui reçut également la dénomination
du bâtiment dont il facilitait l'accès. Plus tard, ce
bâtiment a servi de halle aux chanvres, enfin, en
1871, on y a établi un marché à la viande, et un
marché à la *criée* pour la viande et le poisson.

Bureau de Bienfaisance

Le Bureau de bienfaisance du Mans est situé rue
Godard, dans un bâtiment, près l'escalier des Boucheries ; il est administré depuis 1852 par une
commission de sept membres, et neuf sœurs de
Saint-Vincent de Paul sont chargées de visiter les
pauvres et de distribuer les secours.

Le Bureau de bienfaisance donne du pain, du
bouillon, de la viande, des médicaments, du bois,
et prête du linge et des vêtements. Il vient au secours de 6,000 indigents.

XVIII

On se rend de la place de l'Éperon à la Crèche et à l'église de Saint-Benoît, par les rues de la Vieille-Porte et de Saint-Denis.

Crèche

Cette œuvre de bienfaisance a été fondée et patronnée en 1868 par de nombreuses et honorables mères de famille. La crèche, dirigée par un comité de dames assisté d'un médecin, est tenue par une sœur de Saint-Vincent de Paul et desservie par des berceuses.

Le but que cette association veut s'efforcer d'atteindre est de permettre à la femme de l'ouvrier, tout en conservant son enfant auprès d'elle, de contribuer, par son travail, à entretenir le bien-être dans son ménage.

La crèche est établie dans la maison connue sous le nom de café Moka, rue Saint-Denis. Le rez-de-chaussée est affecté à l'établissement d'une maison d'école destinée aux jeunes filles de la paroisse de Saint-Benoît. Au premier étage est l'établissement de la crèche.

Église de Saint-Benoît

Il existait anciennement un marché aux bœufs au lieu où Hugues, comte du Maine, bâtit, en 988, une chapelle en l'honneur de saint André; Hélie de La Flèche, aussi comte du Maine (1090-1110), l'augmenta, et Hildebert en fit l'église paroissiale de Saint-Benoît. Elle possède les reliques de sainte Scholastique.

En 873, les Saxons brûlent les faubourgs de Saint-Benoît, massacrent les prêtres et outragent les religieuses du monastère de Sainte-Scholastique (fondé au vii° siècle, situé dans cette partie de la ville), et le détruisent.

L'église de Saint-Benoît qui est presque en ruine, paraît être du xiii° siècle; elle est tristement située, massive et dépourvue d'élégance; ses voûtes sont basses, sombres et humides; des restaurations sont on ne peut plus nécessaires à la plus grande partie de l'édifice.

On trouve dans cette église une belle toile de *Notre-Dame de Pitié*. Le Christ, mort, est étendu sur un linceul, la tête reposant sur les genoux de sa mère, la Vierge a une douleur grave et concentrée; deux petits anges contemplent et touchent les plaies du crucifié, l'un d'eux montre la couronne d'épines. Ce tableau, dit Maulny, est un original du Poussin, fameux peintre, d'autres l'attribuent à Annibal Carrache ou à Louis Carrache. Il a été restauré en 1849. Au bas de cette toile on lit l'inscription suivante : *Ex dono Joannis Caroli Renati Margaritæ et Madalenæ Favry fratrum et sororum anno* 1707. Cette inscription est accompagnée des armoiries des donateurs, d'azur à trois étoiles d'or. Ce tableau, dit M. H. Chardon, sorti de la collection des Chantelou, avait été payé 70 écus en 1644 à son auteur Pierre Lemaire, et a été donné à cette église par Jean Favry du Ponceau, écuyer, gentilhomme ordinaire du roi.

XIX

*On se rend de l'église de Saint-Benoît au Dépôt de
mendicité et à l'église du Pré, par les rues de Saint-
Benoît, de la Tannerie, du Pont-Perrin ou pont Saint-
Jean (1) et de Saint-Victeur (2).*

Dépôt de mendicité

Au vi⁰ siècle, un monastère fut élevé sur le cimetière des premiers chrétiens de la ville du Mans; il
fut détruit par les Normands au ix⁰ siècle et reconstruit au xi⁰ par Lezeline, femme d'une grande
piété, qui y plaça des bénédictines; d'autres constructions ont été faites depuis à diverses époques.
En 1821, cette maison était habitée par des religieuses du Sacré-Cœur, et, en 1854, elle a été convertie en Dépôt départemental de mendicité.

Le Dépôt départemental de mendicité établi au
Mans est destiné à recevoir, après l'expiration de
leur peine, les mendiants de la Sarthe, condamnés
par les tribunaux pour délit de mendicité; ceux
envoyés au dépôt, en exécution de traités passés
entre le préfet du département de leur domicile et

(1) La première pierre de ce pont fut posée en 1500 par Jacques Tarou, lieutenant général en la sénéchaussée du Maine.

(2) Dans cette rue il existait un prieuré fondé au vi⁰ siècle
par l'évêque saint Innocent, qui le dédia à saint Victeur. Il
y déposa les corps de saint Principe et de saint Victeur qu'il
fit enlever du cimetière des premiers chrétiens; lui-même
y fut enterré ainsi que Hodingue, Mérole, etc. Ce prieuré
fut détruit au xi⁰ siècle par les pirates normands; il fut rebâti,
et en 1614, Louis XIII, étant au Mans, tire l'oiseau à l'ar-
quebuse dans ce prieuré. La maison et l'enclos ont été
convertis en fabrique de toiles.

le préfet de la Sarthe, enfin ceux non condamnés qui obtiendront d'y être admis sur leur demande, et en vertu d'une décision du préfet, à titre de reclus volontaires : pour y être admis en cette dernière qualité, l'impétrant doit justifier qu'il est sans moyens d'existence, qu'il n'a point de ressources pour vivre, qu'il ne peut se procurer du travail, qu'il n'a aucun parent qui puisse venir à son secours et que les subventions publiques de la localité sont insuffisantes pour l'assister.

Les épileptiques, les idiots et les individus âgés de moins de 16 ans ne sont pas admis.

Le travail est obligatoire pour les reclus valides ou encore en état de travailler.

En été les reclus se lèvent entre 4 et 5 heures du matin, et en hiver entre 6 et 7 heures. Les ateliers sont fermés à 7 heures en été et à 6 heures en hiver.

La moitié du produit de main-d'œuvre du travail appartient à l'établissement et l'autre moitié aux travailleurs ; tous les dimanches ils en reçoivent une partie et l'autre leur est donnée à leur sortie de l'établissement.

Les repas se prennent en commun : une heure est accordée pour le déjeuner qui est à 9 heures, et une heure pour le dîner qui est à 4 heures. L'usage de l'eau-de-vie, du vin, des liqueurs et du tabac est interdit.

Le pain des reclus est composé moitié de farine de froment de seconde qualité, et moitié de farine de seigle de première qualité.

La ration quotidienne de pain fournie aux reclus valides est de 75 décagrammes pour les hommes, et de 70 décagrammes pour les femmes ; une demiration de pain est accordée en plus à ceux qui sont employés aux travaux les plus rudes. Il est en outre délivré pour la soupe du matin 125 grammes de pain pour les hommes, 95 grammes pour les femmes, et pour tremper la soupe 2 demi-litres de bouillon, l'un le matin, l'autre le soir, composés pour 1 litre d'eau de 13 grammes de beurre ou 10 grammes de graisse de porc, 1 décilitre de p annes de terre ou 4 centilitres de haricots et de légumes.

Les dimanches et les mercredis, les quatre jours de grandes fêtes de l'année, le jour de l'an et les jours de fêtes nationales, il est distribué à chaque reclus 1 soupe grasse, 1 ration de viande et 3 décilitres de pommes de terre.

Les reclus peuvent se procurer, en payant, les aliments supplémentaires suivants : du pain de ration, des pommes de terre cuites à l'eau, du fromage, du beurre et des fruits.

Le coucher est composé d'un lit de fer, d'une paillasse, d'un matelas rempli de deux tiers de laine et d'un tiers de crin, d'un traversin en balle d'avoine, de deux draps, d'une couverture de laine pour l'été, et de deux couvertures pour l'hiver.

Les peines disciplinaires sont : 1° les corvées forcées ; 2° un à dix jours de salle de discipline ; 3° et un jour à un mois de cachot.

En 1870-1871, le dépôt de mendicité fut converti en ambulance et reçut les blessés français et allemands (1).

_____

(1) Les soldats campés en plein air aux environs du Mans, à la fin de décembre 1870, n'avaient pour se garantir du froid rigoureux que la toile de la tente et la mince demi-couverture de campagne ; la plupart de ceux qui traversaient

Église de Notre-Dame du Pré

La chapelle des religieuses de l'abbaye de Notre-Dame du Pré, sert aujourd'hui d'église paroissiale; c'est un des plus anciens et actuellement des plus intéressants monuments de la ville du Mans. Il a la forme d'une croix latine avec bas côtés ; son portail cintré offre des colonnes grêles adossées, imitant l'ordre corinthien. Les murs latéraux et ceux du bas de la croix ont été faits avec de petites pierres carrées à la manière des Romains.

Cette église appartient presque tout entière au style roman, sauf les voûtes qui sont plus récentes. Mais il n'est pas facile de déterminer exactement quelles portions remontent au XIe siècle, aussi bien que celles construites au XIIe, car ces deux époques de l'art roman y sont très accusées. Le XIe siècle apparaît nettement à l'extérieur sur le transept nord et sur la première partie de la nef où il s'arrête brusquement pour donner place à une construction qui n'est pas de beaucoup postérieure. Plusieurs chapiteaux et une notable portion des petites arcatures des nefs latérales datent aussi du

notre ville n'étaient guère vêtus que d'un pantalon de drap léger et de la blouse ; beaucoup étaient sans capotes.

Quand une partie de l'armée de la Loire s'est repliée sur le Mans, l'avenue de Paris, la place des Jacobins et les abords de la gare étaient encombrés de nombreuses voitures, parmi lesquelles se trouvaient des vieillards qui n'avaient point reçu de tentes pour camper. On a cité un vieillard, de Montfort, qui, après 14 jours de travail, a succombé à la fatigue et aux souffrances causées par les nuits terribles qu'il a dû passer en plein air.

xıᵉ siècle. Mais le style de transition du xııᵉ siècle domine dans l'ensemble de l'église, dont l'origine est d'ailleurs bien plus ancienne, puisque l'on aperçoit encore, dans le pavé de la crypte, la trace circulaire de la confession, ou tombeau de saint Julien.

Saint Julien fut enterré dans cette église; saint Aldric, au ıxᵉ siècle, le fit transporter à la cathédrale.

Un bas-relief du xvᵉ siècle et que l'on trouve dans la dernière des niches, à droite en montant la nef, à la partie supérieure du bas côté, représente sur une pierre, une cérémonie de translation des reliques de saint Julien suivant les uns, de sainte Tenestine, fondatrice du couvent de Sainte-Marie, d'après d'autres.

Il y a cinquante ans, l'église de Notre-Dame du Pré était un monument assez laid. Ses chapiteaux aux dessins rudes et grossiers, qu'empâtait un badigeon maladroit, en faisaient un monument peu agréable à voir; grâce au Conseil municipal, au curé de la paroisse et au savant architecte M. Darcy, elle a complètement changé d'aspect. Ces murs lézardés ont été repris en sous-œuvre, et des enduits savamment disposés ont couvert les traces laissées par le temps, l'incendie et les autres agents destructeurs; la peinture a donné, à cette œuvre de restauration, son dernier fini.

C'est M. Andrieux, un peintre de premier ordre, élève de Delacroix, qui a décoré avec un succès incontestable la partie supérieure de l'église; M. Jaffard, du Mans, a peint toute l'ornementation qui sertit les tableaux du maître et qui dessine les principales lignes du vaisseau. Les décorations des chapelles de Notre-Dame de Pitié, de Saint-Jean-Baptiste et de Sainte-Madeleine ont aussi été faites par M. Jaffard.

Les peintures de clés de voûte ont été rétablies avec goût, et la crypte est un petit chef-d'œuvre de pierre. Enfin la restauration complète de ce monument s'achève par la construction d'un clocher pur roman du XIᵉ siècle; ce travail est confié à M. Gaulier.

En 1870, l'église de Notre-Dame du Pré fut remplie de paille pour coucher les troupes de passage (1). Ce beau monument est entouré d'un square et d'une grille en fer.

XX

On se rend de l'église de Notre-Dame du Pré au Bon-Pasteur par les rues de la Douelle, du Pré, de la Blanchisserie.

Bon-Pasteur

La maison de pénitence du Bon-Pasteur, destinée à offrir un refuge aux filles abandonnées et à servir d'asile au repentir, a été établie, en 1833, par Mgr Carron. On y reçoit aussi les malheureuses petites filles qui ont perdu leurs parents; elles

(1) Le 4 décembre 1870, plusieurs compagnies des mobiles de Maine-et-Loire, casernées dans l'église de Notre-Dame de la Couture, ont chanté la *Marseillaise pendant la grand'messe;* n'était-ce pas fouler aux pieds les plus simples convenances et troubler la nombreuse assistance, qui, dispersée dans les chapelles, se pressait autour des autels? Les officiers des mobiles blâmèrent ces chants.

y sont nourries, soignées, formées à la vertu ; on leur enseigne un état et on leur procure une condition qui les sauve de la misère et du vice.

XXI

On se rend du Bon-Pasteur au grand Cimetière, par les rues de la Blanchisserie et de la Digue.

Grand Cimetière

Le grand Cimetière (1) a une superficie de plus de cinq hectares ; son sol est de sable siliceux presque pur, de gravier et de cailloux roulés, conditions très propres à la prompte destruction des corps. Il est entouré de murs, une grande porte sert d'entrée principale, ses larges allées sont bordées de verdure et d'arbres. De cet asile des morts on voit à quelques pas la Sarthe roulant ses eaux limpides et transparentes, et un peu plus loin la commune de Coulaines, puis la ville qui se présente en amphithéâtre ; le Séminaire, le Lycée, la Cathédrale, l'église du Pré et le dôme de la Visitation dominent toutes les autres constructions.

Ce cimetière fut créé en 1833 et béni en 1834 ; il y a de belles chapelles, de nombreux tombeaux entourés de parterres, plantés d'arbustes et remplis de fleurs. « Tristes solitudes, dit un écrivain, arrosées de nos larmes, couvertes de tombes, ombragées de saules aux longs rameaux et de cyprès

(1) On l'appelle ainsi pour le distinguer des cimetières de Sainte-Croix, de Pontlieue, de Saint-Pavin et de Saint-Georges.

funèbres, où, chaque jour, viendront se presser
nos parents, nos amis et nous-mêmes, et où l'on
ne voit partout que des marbres portant ces inva-
riables mots :

« CI-GIT »

Les concessions de terrains faites dans le grand
Cimetière de la ville du Mans sont, d'après le règle-
ment, temporaires, trentenaires et perpétuelles.

Le grand Cimetière est devenu complètement
insuffisant par suite des nombreuses concessions
trentenaires et perpétuelles; il est urgent de le
voir augmenter de superficie le plus tôt possible,
afin que les familles qui n'ont pas de concessions
ne voient pas sitôt remuer les cendres de leurs
parents pour faire place à de nouvelles fosses.
Nous signalons cette observation à qui de droit.

XXII

Anciennes maisons

Place du Château. — Maison du xviiᵉ siècle.

Parvis Saint-Julien.—Nᵒ 1, construction du temps
de François Iᵉʳ ou de Henri II. — Voûtes remarquables du xiiiᵉ siècle.

Nᵒˢ 2 et 5, grande maison de la fin du xviiᵉ
siècle.

Place Saint-Michel. — Nᵒ 1, cette maison a été
habitée par Scarron.

Rue des Chanoines — Nᵒ 1, maison portant le
nom de Morets, bâtie par Jacques de Courthardy,
archidiacre de l'église du Mans, remarquable par

ses sculptures du style de la Renaissance. En 1467 Louis XI y logea lors de son séjour au Mans.

Nᵒ 2, construction du xvᵉ siècle.

Nᵒ 11, cette maison est une des plus intéressantes constructions de notre vieux Mans : c'est le reste de l'ancien prieuré de Saint-Martin, autorisé par le roi Théodebert, l'an 575 ; il y a 600 ans environ, l'église perdant sa destination première, avait été convertie en maison particulière. Au dernier siècle, elle appartenait au chapitre de la cathédrale ; c'est aujourd'hui la propriété d'un brasseur.

Nᵒ 24, vestiges de l'église fondée par saint Aldric, et maison du xviiᵉ siècle.

Nᵒ 27, maison du xviᵉ siècle.

Dans plusieurs caves des maisons de cette rue, on trouve des ouvertures du xiiᵉ siècle.

Nᵒ 34, maison du xviᵉ siècle, habitée autrefois par le maitre et les frères de l'hôpital des Ardents. Les caves en sont remarquables.

Rue de Vaux. — Nᵒˢ 12 et 14.

Rue Saint-Pavin-la-Cité. — Nᵒ 4, cheminée sculptée avec sujet.

Nᵒ 10, maison avec tour.

Rue Saint-Dominique, 13.—L'hôtel de la Frênerie relevait du comte du Maine, à foi et hommage ; de 1725 à 1742, il fut occupé par le tribunal de commerce ; sous les rois anglo-normands, cette maison fut celle du sénéchal ou majordome du palais de nos comtes. La cour de la Frênerie s'appela Cour du Temple, monastère supprimé l'an 1312. Saint Jean l'Évangéliste était patron de la chapelle qui est aujourd'hui transformée en maison de banque ; planchers suspendus aux poutres ; murs très solides avec contreforts; ouvertures en ogives, cachées en partie ou défigurées, etc. Les principales murailles du monastère atteignaient une épaisseur de deux mètres; les caves étaient remarquables, et celle qui borde la rue est voûtée comme une église; l'enclos entier contenait 4 journaux de terre. Avant d'être construit dans ce quartier, ce monastère était bâti où est actuellement l'hôtel du Dauphin et l'hôtel (n° 11) de la place des Halles qui est demeuré la propriété de l'hôpital du Mans.

Grande-Rue. — N°ˢ 9, 11 et 12, constructions intéressantes avec tour; on remarque, au premier étage, une grande cheminée sculptée avec deux bustes représentant, dit-on, la reine Bérengère et Richard Cœur de Lion; on sait que des écrivains prétendent que cette maison a été habitée par Bérengère; d'autres soutiennent que c'est impossible, la construction de ce bâtiment appartenant au xvᵉ siècle. — Restes d'une ancienne chapelle.

Nᵒˢ 7 et 17, maisons en bois avec tour.

N° 14, ancienne juridiction des consuls; escalier du xviiᵉ siècle.

Nᵒˢ 18 et 20, maisons en bois avec tour et caves remarquables.

N° 41, cette maison, dont l'un des angles est soutenu par une colonne corinthienne, porte le nom du *Pilier-Rouge.*

N° 45, maison du xivᵉ siècle.

N° 69, cette maison date du commencement du xviᵉ siècle. La frise du 1ᵉʳ étage présente un curieux assemblage de quatre enfants jouant de divers instruments à corde ou à vent, et, entre eux, trois compositions. A gauche, on voit une corbeille de fruits et de fleurs entre deux oiseaux ; au milieu, un sujet peu compréhensible. Un personnage à tête monstrueuse, accroupi les jambes ouvertes ; enfin à droite une femme emportée par des chevaux marins. Les pilastres de cet étage, de l'ordre corinthien le plus pur, sont soutenus par de délicieux culs-de-lampe.

Au rez-de-chaussée, au-dessus de la porte, est l'enseigne de la maison ; dans une couronne de fleurs et de fruits, ornée elle-même de rinceaux, de banderoles, etc., le sculpteur a figuré Adam, élevant sur un bâton la pomme de l'arbre de la science en la présentant à Ève, tandis que celle-ci tient l'extrémité d'une longue banderole qui flotte devant elle. Cette enseigne est celle d'un apothicaire. Cette maison a été construite de 1520 à 1525 par Jehan de l'Espine, docteur en médecine, du Mans. En 1556 elle fut vendue à Denys Goufon, plus tard elle passa en les mains de Pierre Gougeon, conseiller du roi au siège présidial de la sénéchaussée du Mans ; en 1603, à François Duchesne, docteur en médecine, demeurant à Saint-Pavin ; en 1664 à Antoine Lemoine, huissier ; en 1734, à François Lemarchand, boulanger, puis à Thomas Davoine, menuisier. (*Hist. et monum. de la Sarthe.*)

Nº 105, portail de la fin du XVIIe siècle.

Nº 114, maison du XVIIe siècle ; caves et voûtes remarquables.

Cour d'Assé.—Maison située entre la Grande-Rue et la rue Saint-Pavin-la-Cité ; c'était autrefois la demeure des puissants seigneurs d'Assé-le-Riboul. Elle a été rebâtie depuis deux siècles et ne présente plus rien d'intéressant.

Place du Gué-de-Maulny. — N° 2, grande maison connue sous le nom d'*Hôtel du Louvre*. En 1562, les calvinistes se rassemblèrent dans cette maison pour s'entendre sur les moyens qu'ils devaient employer pour soulever la ville du Mans et s'en emparer, co qu'ils exécutèrent après cette réunion. Cette maison a été la demeure de Jean de Vignoles. Les fenêtres de cette ancienne maison, bâtie en pierre, sont surmontées de frontons à écussons armoriés dans le tympan; sa porte d'entrée est à plein cintre à bossage rustique, avec deux pavillons et une terrasse donnant du côté de la rue de l'Écrevisse.

Rue des Poules. — N° 12, maison construite au XVII° siècle.

Rue Saint-Louis n°° 26 et 28, et *rue Dorée* n° 17, hôtel Fondville (XV° siècle). Il fut vendu 60,000 fr. ; on en fit l'évêché.

Rue Dorée n° 34 et *rue Saint-Benoît* n° 1, ancien grenier à sel, construction avec arcades du XII° ou du XIII° siècle; murs de 2 mètres 66 centimètres d'épaisseur.

Rue de la Tannerie. — N° 67, maison et portail avec mosaïques.

Rue de la Pierre-de-Tucé. — N° 4, maison du XV° siècle.

Rue Saint-Honoré. — N° 3, dans la cour de cette maison se trouve l'hôtel de l'ancien présidial du Mans (XVI° siècle).

Il y a encore quelques vieilles maisons rues Saint-Flaceau, du Petit-Saint-Pierre, du Doyenné, Bouquet, de la Verrerie, des Chapelains.

XXIII

Autres maisons

La famille Le Prince, originaire de Bellême, cirier au Mans, vers 1740, habita d'abord la maison de la Grande-Rue, n° 14, et vers 1760, J.-B.-J. Le Prince fit bâtir le bel hôtel qu'occupe aujourd'hui M. Portet-Lavigerie, place des Halles. Ce Le Prince s'était associé pour son commerce de cire son fils aîné, Jean-Baptiste-Henri-Michel Le Prince d'Ardenay. Son père venait d'acheter la terre d'Ardenay.

La maison rue Saint-Vincent n° 51 (1), a été construite en 1747 par Charles-Jacques Jousset des Berries, teinturier au Mans ; elle passa successivement aux mains de Charles Jousset des Fortières, Charles-Louis Crespin de Chères ; plus tard, on y établit l'École normale; aujourd'hui, elle est habitée par les Servantes de Marie, du tiers ordre de Saint-François.

La maison située Grande-Rue n° 54, où est actuellement l'École supérieure, était habitée au xviiie siècle par la famille Rouxelin d'Arcy, dont un membre était capitaine d'artillerie au régiment de La Fère.

La maison située rue de Gourdaine n° 33, appartenait à la famille Prudhomme de la Boussinière; aujourd'hui, elle est habitée par M. Brière.

La maison qui porte le n° 2, rue du Gué-de-

(1) Les maisons de la ville du Mans ne furent soumises à un numérotage régulier qu'en 1770.

Maulny, a été bâtie en 1784, par de La Porte de Sainte-Gemme.

Le 27 mars 1615, Julien Bodereau, avocat au Mans, commentateur de la *Coutume du Maine*, posait la première pierre d'une maison que son père faisait bâtir au bas de la rue Dorée, n° 47.

La famille Cureau, qui s'est alliée aux Montesson, aux de la Moustière, avait établi sa maison de commerce à l'angle de la place des Halles et de la rue du Port.

La maison de la Grande-Rue n° 114, occupée par les conférences de Saint-Vincent de Paul, a été construite vers 1768 par un membre de la famille Nepveu, seigneur de Rouillon.

La maison habitée actuellement par les Sœurs de Saint-Vincent de Paul, au sommet de l'escalier des Boucheries, a été édifiée en 1730 par Charles-Pierre Godard d'Assé, fameux avocat au présidial du Mans. La réputation de cet avocat a donné son nom à la rue étroite qui longe cette maison.

La maison située à l'angle de la Grande-Rue et de la rue de Saint-Pavin-de-la-Cité, portant le n° 108, a appartenu à la famille Aubin de Pontôme, puis à celle de Chesneau des Portes, dont un membre a été conseiller au présidial du Mans.

En 1745, Charles-Dominique Cureau, marchand, fit bâtir la grande et belle maison que l'on voit à l'angle des rues de la Barillerie et des Falotiers.

La maison située place de l'Éperon n° 25 a été bâtie vers 1776 par le comte de Valentinois, et habitée plus tard par la marquise douairière de Montesson. Cette construction est dépourvue d'élégance.

La maison située rue Saint-Julien-le-Pauvre, n° 2,

a appartenu à la famille d'Hauteville du Hardas.

La maison occupée actuellement par les Sœurs d'Évron, rue du Mûrier, n° 11, a été habitée par les familles de Renusson d'Hauteville et Le Riche de Vandy, directeur général des fermes du roi.

La maison avec tour, édifiée sur la place de l'Éperon, n° 24, appartenait au xviiie siècle à la famille de Broc.

La maison située Grande-Rue, n° 97, a été habitée par la famille Denisot au xvie siècle, on voit encore les armes : d'azur à trois épis d'or ; puis par la famille de Samson de Lorchère.

La maison bâtie au carrefour de la Sirène et de la rue de la Barillerie, portant le n° 2, rue Marchande, a été bâtie en 1725 par Véron Duverger, famille de commerçants.

XXIV

Antiquités gauloises

Un peulvan qui se trouvait sur la place Saint-Michel est actuellement adossé à la Cathédrale ; il a 4 mètres 55 centimètres de hauteur sur 1 mètre 30 centimètres de largeur à sa base. Près de là on remarquait aussi un dolmen que les chanoines firent détruire en 1700. En 1426, le comte de Suffolck avait fait exécuter sur cet autel druidique un certain nombre d'habitants qui avaient livré la ville aux Français. Enfin, un peulvan se voyait aussi dans la rue appelée *Pierre de Tucé*. On croit que les peulvans représentaient les dieux des Gaulois et que

c'était sur les dolmens qu'ils faisaient les sacrifices
humains.

XXV

Aqueducs et bains romains

Les aqueducs, dont l'on découvre les vestiges aux
environs de la ville du Mans, sont l'œuvre des Romains ; ils servaient à leur procurer de l'eau pour
leurs besoins ordinaires et pour les bains dont ils
faisaient un si fréquent usage.

Un de ces aqueducs partait des Fontenelles, en
Sargé, à trois kilomètres du Mans, et se rendait
entre les rues des Chapelains et de Gourdaine ; un
autre conduisait les eaux de Monet dans celui des
Fontenelles. Ils alimentent aujourd'hui le ruisseau
qui traverse le bourg de Coulaines.

Un aqueduc a aussi été remarqué sur la commune de Rouillon ; un autre près de l'ancien couvent de Beaulieu, etc. ; enfin les restes d'un autre
aqueduc qui a dû être détruit, du IVe au IXe siècle
de notre ère, ont été retrouvés à Isaac ; on l'a réparé en différents endroits et refait entièrement
dans d'autres. Ces eaux alimentent aujourd'hui les
bornes-fontaines de la place du Château, de la place
des Jacobins, de l'Évêché, de la Grande-Rue, de la
place Saint-Pierre, de la Cigogne et de la Poissonnerie. Ces aqueducs sont faits d'une espèce de béton
en chaux mélangée de sable, de cailloux et de fragments de petites pierres calcaires.

On a découvert des salles de bains dans les rues
de Gourdaine et de la Tannerie ; elles servent actuellement de caves dans plusieurs maisons.

XXVI

Voies Romaines

Les Romains, pour parcourir la Gaule, se sont servis de la plus grande partie des routes gauloises, seulement ils les ont mises en meilleur état. Ces voies ont subi de si grandes altérations, depuis que les Francs ont chassé les Romains de nos contrées, qu'il est difficile aujourd'hui d'en bien suivre les traces ; nous ne pouvons que nous en rapporter aux anciennes cartes et aux ouvrages qui en ont fait mention. Huit voies partaient du Mans :

La première se rendait à Tours ; un premier embranchement, situé à Pontlieue, conduisait à Bourges ; un deuxième partait du premier, entre Challes et Ardenay, et menait à Orléans ;

La deuxième allait à Châteaudun ; entre Connerré et Le Luart, il existait un embranchement qui menait à Chartres ;

La troisième conduisait à Évreux ;

La quatrième à Rouen ;

La cinquième à De Vieux ;

La sixième à Jublains ;

La septième à la cité d'Erve ; un embranchement situé entre Saint-Georges-du-Plain et Allonnes, menait à Nantes ;

Enfin la huitième à Angers ; un embranchement près d'Arnage conduisait à Poitiers.

XXVII

Fortifications

Sous les Romains, la ville du Mans avait environ 220 toises de longueur sur 100 de largeur. L'enceinte, qu'on croit être du III° siècle, commençait à l'angle de la porte d'Anille, descendait en ligne droite vers la rivière, s'avançait ensuite entre les rues des Chapelains et de Gourdaine jusqu'au-dessous de la Poterne où elle formait un angle pour aller rejoindre l'église de Saint-Pierre-de-la-Cour, regagner ensuite la rampe de la place des Jacobins et le point d'où nous sommes partis, en passant sous les chapelles de la Cathédrale. Ces murailles et ces tours existent encore en grande partie. (Voyez rue de la Tannerie, dans les cours des maisons portant les numéros 75 et 87; rue de la Porte-Sainte-Anne, dans les cours des maisons portant les numéros 51 et 63; rue Saint-Hilaire, dans les cours des maisons portant les numéros 10 et 20; rue de Gourdaine, dans les cours des maisons portant les numéros 4 et 36; rue des Pans-de-Gorron, dans le jardin de la maison portant le numéro 2; place du Château, dans la cour de la maison portant le numéro 5, etc.) Parmi les substructions romaines et d'autres époques, qu'on a déterrées sur la place du Château, on a remarqué les restes d'une tour où se trouvaient de grosses pierres de tuffeau de Saumur, lesquelles avaient précédemment servi à des constructions antérieures, ainsi que l'indiquent les rainures que l'on y a constatées.

Vers 1064, Guillaume le Conquérant (1), qui s'était emparé trois fois de la ville du Mans, bâtit un château hors de cette première enceinte et l'entoura de murailles qui formèrent un premier accroissement. A la fin du XI° siècle, Hélie de La Flèche éleva les fortifications des Bas-Fossés, de la porte de la Cigogne, et enferma de murs le quartier de Saint-Benoît; ces murs avaient sept pieds d'épaisseur. Enfin Philippe-Auguste (1202) joignit à la ville le quartier de Gourdaine jusqu'au tertre Maigret, en descendant jusqu'au bord de l'eau et en longeant la rivière jusqu'au pont Yssoir; ces constructions resserrèrent la Sarthe dans un lit plus étroit.

Tous ces vestiges sont très curieux et doivent être visités par les antiquaires.

XXVIII

Des paroisses

En 1789, il y avait au Mans (2) et dans les faubourgs seize paroisses, savoir : Saint-Gilles, Saint-Pierre-de-la-Cour, le Crucifix, Saint-Nicolas, la

(1) Guillaume le Conquérant éleva à cette époque la butte du Mont-Barbet pour se rendre plus facilement maître de la ville.

(2) Les différents établissements de la ville étaient : une subdélégation de l'intendance de Tours, une sénéchaussée, une subdélégation du conseil établi à Saumur, trois juridictions ecclésiastiques, une maîtrise des eaux et forêts, une

Couture, Saint-Pavin-de-la-Cité, Saint-Pierre-le-Réitéré, Saint-Benoît, Gourdaine, Notre-Dame-du-Pré, Saint-Hilaire, Saint-Jean-de-la-Cheverie, Saint-Germain, la Madeleine, Saint-Ouen et Saint-Vincent. La Révolution ayant détruit une partie de ces monuments, la ville du Mans ne se composa plus que des paroisses de Saint-Julien, de la Couture, du Pré et de Saint-Benoît.

En 1854, les communes de Sainte-Croix, de Pontlieue, de Saint-Pavin et de Saint-Georges furent réunies à la ville du Mans.

XXIX

Monuments détruits

Parmi le grand nombre de monuments qui existaient autrefois au Mans et dont il ne reste plus de trace, nous citerons les suivants :

Les églises de la Couture, détruite en 1793; —

juridiction et siège de la maréchaussée, une juridiction de la marque des fers, une juridiction consulaire, un siège des traites foraines et corbouillon, un siège de grenier à sel, un vice-gouverneur de *l'apanage de Monsieur*, une recette des tailles, une direction des fermes générales, une direction des domaines du roi, une régie générale des aides et droits, une recette générale de la loterie royale, un bureau des économats, un change de roi (pour les vieilles espèces d'or et d'argent, etc.), une inspection des manufactures, une inspection des pépinières royales, une direction des poudres et salpêtres, un collège, un corps de maître en chirurgie, une inspection des haras, un bureau d'agriculture, un bureau royal de correspondance nationale et étrangère, et une direction de la ferme générale des diligences, messageries royales et roulage de France.

des Maillets, construite vers 1642; — des Filles-Dieu, consacrée en 1435; — de la Madeleine, démolie en 1793; — de Saint-Germain, fondée par saint Bertrand, évêque du Mans (587-624); — de Saint-Gilles, détruite après la Révolution; — de Saint-Jean-de-la-Cheverie, démolie en 1793 (1); — de Saint-Hilaire, abattue vers la même époque; — de Saint-Ouen-des-Fossés, disparue depuis longtemps; — de Saint-Nicolas, édifiée vers 1240, démolie à la Révolution; — de Saint-Pavin-la-Cité, abattue au XVIIIe siècle; — de Saint-Pierre-le-Réitéré, détruite au commencement du XIXe siècle; — de Sainte-Croix, disparue à la fin du XVIIIe siècle; — l'église et le couvent des Ursulines, fondés en 1658, démolis à la Révolution; — l'église et le couvent des Minimes; — l'abbaye de Beaulieu et son église, fondées au XIIe siècle, détruites vers 1792. — On ne voit plus qu'un pilier de l'église de Gourdaine. (Voyez rue d'Enfer au fond de la cour de la maison portant le numéro 6). On vient d'y découvrir plusieurs cercueils en pierre.

Les hôpitaux du Sépulcre, fondé par saint Innocent (514-560); — de Gourdaine, fondé, vers le milieu du VIe siècle, par sainte Tenestine, vendu et détruit en 1793; — de Sainte-Croix, fondé par saint Bertrand (587-624); — de Saint-Martin, fondé aussi par saint Bertrand; — de Saint-Germain, fondé également par saint Bertrand; — de Saint-Ouen, fondé par Herlemond Ier (717-730); — de

(1) 1149. — Le faubourg de la paroisse de Saint-Jean est en partie détruit par un incendie.

1575. — Les calvinistes pillent cette paroisse et celles environnantes.

Saint-Aldric, fondé par l'évêque de ce nom (822-857); — de l'Hôpitau, fondé aussi par saint Aldric; — de Coulaines, fondé au IXᵉ siècle; — de Saint-Blaise, fondé par Hugues Iᵉʳ, comte du Maine (987-1015); — des Ardents et sa chapelle, fondés par Avesgaud, évêque du Mans (994-1036); — de Saint-Lazare, fondé à la fin du XIᵉ siècle, et situé à l'extrémité du faubourg de Saint-Gilles. On prétend que c'est de cet hôpital qu'est sorti l'homme qui arrêta Charles VI, en 1393, dans la forêt du Mans, et qui lui causa la frayeur qui détermina sa démence; l'église de cette paroisse, qui était dédiée à saint Georges, a été convertie en maison ; — de Saint-Charles, fondé en 1731, par M. de Froullay, évêque du Mans; — Le beau château du Gué-de-Maulny, qui fut habité par Charles de Valois, comte du Maine.

XXX

Hommes distingués

Nous n'avons pas la prétention de citer tous les hommes qui se sont fait remarquer dans le Maine, ni d'en faire la biographie; le cadre que nous nous sommes tracé nous oblige à n'indiquer que ceux qui se sont le plus distingués dans les sciences, les arts et les lettres, et qui sont nés au Mans.

Henri II, roi d'Angleterre; né le 5 mars 1133, mort le 6 juillet 1189.

Jean le Bon, roi de France; né en 1319, mort en 1364.

Geoffroy Boussard, recteur de l'Université de

Paris, professeur de théologie ; né en 1439, mort en 1523.

Matthieu ou Macé Vaucelle, poète, imprimeur au Mans ; né le 18 janvier 1507, mort le 1er janvier 1578.

Nicolas Denisot, poète et peintre ; né en 1515, mort en 1559.

Pierre Viel, chanoine, théologien, député aux états de Blois ; mort en 1582.

Jacques Peletier, ancien principal des collèges de Bayeux et du Mans, médecin, mathématicien et littérateur ; né le 25 juillet 1517, mort en 1582.

Jacques Tabureau, poète ; né en 1527, mort en 1555.

Michel Bourrée de La Porte, avocat, poète (XVIe siècle).

François Grudé de La Croix du Maine, bibliographe ; né en 1552, assassiné à Tours en 1592.

Julien Bodereau, avocat au siège présidial du Mans ; né en 1599, mort en 1662.

Charles Aubert, avocat, prêtre ; né vers 1567.

Gervais La Barre et son fils, statuaires. On possède de ces deux artistes la scène du Sépulcre que l'on voit à la Cathédrale ; nés en 15...

Hardouin Le Bourdais, avocat au présidial du Mans ; mort en 1640.

Antoine Le Corvaisier de Courteilles, conseiller au présidial du Mans, lieutenant criminel au même siège, historien ; mort en 1630.

Jean Bondonnet, bénédictin, historien ; né en 1592, mort le 16 mars 1664.

Pierre Trouillard de Montterré, avocat, historien ; mort en 1666.

Marin Cureau de la Chambre, médecin de Louis XIII et de Louis XIV, membre de l'Académie française, de l'Académie des sciences, littérateur et philosophe; né en 1594, mort le 29 novembre 1669.

Pierre Lamy, conseiller au présidial du Mans, poète latin; mort en 1608.

François Ory, docteur en droit, jurisconsulte; mort en 1657.

Jacques Nouet, jésuite, auteur religieux; né en 1605, mort en 1680.

Rolland Fréart de Chambray, conseiller, aumônier du roi, savant architecte; né en 1606; mort en 1676.

Rolland Le Vayer de Boutigny, avocat au parlement de Paris, littérateur; né en 1627, mort en 1685.

Jacques Pousset de Montauban, avocat au parlement, échevin de Paris, littérateur; mort en 1685.

Bernard Lamy, oratorien, prêtre, ancien professeur de philosophie aux collèges de Saumur et d'Angers; de théologie au séminaire de Grenoble; littérateur, physicien, mathématicien; né le 28 juin 1640, mort le 29 janvier 1715.

Philippe de Renusson, jurisconsulte, avocat au parlement de Paris; né le 11 septembre 1632, mort en 1699.

Michel du Perray, juri-consulte-canoniste, avocat au parlement de Paris; né vers 1640, mort le 25 avril 1730.

Noël Aubert de Versé, médecin, ancien ministre de la religion réformée; mort en 1714.

Antoine Bondonnet de Parence, avocat à la sénéchaussée et siège présidial du Mans, premier avocat du roi; né le 28 septembre 1662, mort le 16 mai 1742.

Joachim Bouvet, jésuite, missionnaire; né le 17 juillet 1665, mort le 29 juin 1730.

Claude Blondeau, avocat au parlement de Paris (XVIᵉ siècle).

Charles Blondeau, avocat au présidial du Mans, biographe; mort en 1680.

Etienne Bréard, poète latin; né en 1680, mort le 24 avril 1749.

Louis Maulny, conseiller au présidial du Mans, historien; né en 1681, mort le 24 avril 1749.

Louis Le Pelletier, bénédictin, philologue; né en 1663, mort en 1733.

François Poupard, médecin, naturaliste, anatomiste, membre de l'Académie des sciences; né en 1691, mort le 31 octobre 1709.

René de Bonneval, littérateur; né en 1700, mort en 1760.

Étienne Housseau, bénédictin, historien; mort en 1763.

Michel de Bonneval, littérateur; mort en 1766.

Louis-Élisabeth, comte de La Vergne, marquis de Broussin, lieutenant général des armées du roi, membre de l'Académie des sciences, de l'Académie française, de l'Académie royale de Berlin, de la Société royale de Londres, etc., littérateur, poète et physicien; né le 4 novembre 1705, mort le 31 octobre 1783.

Louis-Antoine, marquis de Caraccioli, oratorien, colonel au service de la Pologne et polygraphe; né le 6 novembre 1719, mort le 29 mai 1803.

Eustache Livré, pharmacien, député à l'Assemblée constituante, auteur de divers mémoires; né le 11 août 1728, mort en 1804.

François Véron de Forbonnais, inspecteur général des monnaies de France, employé au contrôle général des finances, associé de l'Institut; économiste et littérateur; né le 5 octobre 1728, mort le 20 septembre 1820.

Jean-Thomas Pichon, chanoine du Mans, historiographe de Monsieur; né en 1731, mort le 13 novembre 1812.

Julien-Jacques Moutonnet-Clairfons, littérateur, censeur royal, membre des Académies de Crusca, des Arcades de Rome, etc.; né le 11 avril 1740, mort le 3 juin 1813.

François-Menard Lagroye, conseiller au présidial du Mans, député à l'Assemblée constituante, au conseil des Cinq-Cents, premier président de la cour royale d'Angers; né en 1742, mort en 1813.

Jean-Marie-Joseph Coutelle, colonel, commandant des aérostiers, membre de la commission d'Égypte; né le 3 janvier 1748, mort le 20 mars 1835.

René-François Chauvin du Ponceau d'Oigny, littérateur; né le 23 septembre 1749, mort le 24 avril 1831.

Louis-Jean-Charles Maulny, naturaliste et antiquaire; né le 12 décembre 1750, mort le 18 mars 1815.

Mériel Bucy, prêtre, chef de la Petite-Église du Mans, auteur d'ouvrages religieux; né le 11 juin 1760, mort le 24 avril 1822.

Jean-François-René Mahérault, littérateur, commissaire du gouvernement; né le 3 mars 1764.

Pierre-Alexandre, comte de Tilly, page de la reine, officier de dragons, littérateur; né en 1764, mort en 1816.

René-Charles Berard, agronome; né au Mans en 1767.

Mathieu-Jean-Baptiste Nioche de Tournay, chef de division à la banque de France, auteur dramatique; né le 30 septembre 1767, mort le 7 février 1844.

Louis-Jacques Guyon, poète et biographe; né le 24 juin 1768, mort le 12 octobre 1842.

Jacques-Rigomer Bazin, écrivain politique, littérateur; né le 20 mars 1771, mort le 20 janvier 1818.

Isaac Moiré, poète; né au Mans, le 9 octobre 1771.

Joseph-Charles Le Brun, médecin; né en 1771, mort en 1826.

François-Jean-Baptiste Menard-Lagroye, professeur d'histoire naturelle, correspondant de l'Académie des sciences de Paris; né le 2 mai 1775, mort le 30 septembre 1827.

Laurent-François Levasseur, littérateur; né le 4 octobre 1776.

Charles Drouet, naturaliste et archéologue; né le 22 avril 1779, mort le 14 novembre 1862.

Eugène-Henri Desportes, médecin, membre adjoint de l'Académie royale de médecine; né en 1780.

Clément-Jacques Goupil, médecin, naturaliste, ancien député, receveur des finances à La Flèche; né en 1784, mort en 1858.

Jules Lalande, vice-amiral, grand-croix de la Légion d'honneur, député, membre du conseil général de la Sarthe; né le 13 janvier 1787, mort le 2 mars 1844.

Charles Pavet de Courteille, médecin ; né le 26 février 1788, mort en 1870.

François-Marie-Casimir de Négrier, général de division ; né le 27 avril 1788, tué à Paris par les insurgés du faubourg Saint-Antoine, le 25 juin 1848.

Almire-René-Jacques Lepelletier, médecin, historien, littérateur et philosophe ; né le 13 novembre 1790.

Jean-Joseph-François Pellassy de l'Ousle, membre du conseil municipal de la Seine, littérateur ; né le 24 juin 1793,

Félix Voisin, médecin des hôpitaux de Paris ; né au Mans, le 30 novembre 1794.

Platon Vallée, docteur-médecin, adjoint au maire du Mans ; né le 27 mai 1794, mort le 11 juillet 1856.

Prosper-Auguste Anjubault, naturaliste, bibliothécaire de la ville du Mans ; né le 27 nivôse an V (1797). Anjubault a classé et fait l'inventaire des archives communales qui se composent de plus de 50,000 pièces. Il est mort en 1867.

François-Firmin Sevin, avoué-avocat au Mans, membre du conseil général de la Sarthe, avocat général à la cour de cassation, puis conseiller à la même cour ; né en 1800, mort en 1867.

Jean-Marie-René Philippon de la Madelaine, avocat à la cour royale de Paris, littérateur, historien ; né en 1810.

Amédée Hamon, ancien auditeur attaché au ministère des affaires étrangères, membre du conseil général de la Sarthe ; né le 28 février 1814 ; mort à Nice en 1864.

XXXI

ENVIRONS DU MANS

Les bourgs qui entourent la ville du Mans sont assez jolis, et la campagne des environs est très belle ; nous allons indiquer sommairement ce qu'on y trouve d'intéressant.

Coulaines, à 3 kilomètres du Mans. — Population : 634 habitants. — L'église de Coulaines a été consacrée par saint Pavace ; Hoël, évêque du Mans (1086-1097), la fit rebâtir ainsi qu'un manoir ; elle est consacrée à saint Nicolas.

Pendant que Charles le Chauve était au Mans (843), saint Aldric assembla un concile en sa maison de Coulaines En 1099, Guillaume le Roux, roi d'Angleterre, fait placer sa nombreuse armée sur les coteaux de Coulaines et attaque la ville du Mans. Plus tard, l'évêque Hildebert n'ayant pas voulu consentir à raser les tours de la cathédrale, Guillaume démolit la maison de l'évêque et ravagea le bourg de Coulaines.

Saint-Pavace, à 5 kilomètres du Mans.— Population : 202 habitants. — L'église, qui a des ouvertures cintrées, est sous le patronage de l'évêque dont la paroisse porte le nom. — Dans le cimetière, on remarque des tombes très anciennes ; sur celle de défunte Ernestine Ogier d'Ivry, décédée à l'âge de 13 mois, on lit :

Dors en paix dans le ciel, objet de notre amour,
Attends-nous aujourd'hui, demain ce n'est qu'un jour.

Sur une autre on trouve : « Charles-Anselme de Salaynes, chevalier de Saint-Louis, mort au Mans, le 2 février 1832, à l'âge de 102 ans. »

Le monastère de Saint-Sauveur et le château de Saint-Pavace n'existent plus.

1563.—Levayer, seigneur de Saint-Pavace, vieillard de quatre-vingt-dix ans, fait massacrer son fils parce qu'il avait embrassé le protestantisme, le fait mettre dans un sac et jeter dans la Sarthe par un de ses domestiques.

1799. — Une colonne des chouans qui prirent le Mans s'était réunie à Saint-Pavace.

Trangé, à 8 kilomètres du Mans. — Population : 471 habitants. — L'église est dédiée à saint Gervais et à saint Protais.

C'est dans le domaine de la Groirie que l'abbé de Rancé (1658) médita la réforme de la Trappe, dont il était abbé commendataire.

Le contrat de mariage de Marie de La Rivière de La Roche de Vaux avec Joseph de Mailly est passé, en 1704, au château de La Groirie. En 1793, le général Westermann, après avoir chassé les Vendéens du Mans va habiter ce manoir. Il a été rebâti au XVIIIe siècle.

Rouillon, à 8 kilomètres du Mans.—Population : 733 habitants. — L'ancienne église de Rouillon, dédiée à la sainte Vierge et à saint Victur, fut rebâtie en 1768.

En 1473, une confrérie fut établie dans l'église de Rouillon, sous le patronage de saint Victur ; on distribuait aux confrères entrant une chopine de vin et un setier aux anciens; mais comme cet usage donnait lieu à des abus, cette confrérie fut supprimée en 1755.

Lors de la déroute de l'armée vendéenne au Mans (12 décembre 1793), un grand nombre de ces malheureux furent atteints sur la commune de Rouillon et tués par les paysans. Parmi les actes de barbarie qui eurent lieu, on cite le suivant : Deux prêtres vendéens rencontrèrent un citoyen de Rouillon qui les engagea à venir se reposer chez lui; il leur fit servir à souper, leur donna à coucher, et quand ils furent endormis, il entra dans leur chambre et les tua à coups de massue; quinze jours après, ce misérable fut lui-même assassiné.

An VII. — Un détachement d'infanterie légère a trouvé cachés sur la nef de l'église de Rouillon vingt-cinq fusils de munition, deux paniers remplis de cartouches, plusieurs sabres, une ceinture brodée en argent, des écharpes de général et des habits.

A cette époque on fusilla, au Mans, Martin, chef de chouans.

On a trouvé à Rouillon des vestiges d'aqueduc de construction romaine, et des médailles romaines.

Allonnes, à 6 kilomètres du Mans. — Population : 861 habitants. — Suivant quelques historiens, Allonnes était l'ancienne capitale des Cénomans, et après sa destruction, vers le IV° siècle, les Romains bâtirent la ville du Mans. Pour nous, Allonnes n'était qu'une grande *villa* romaine; on retrouve dans ses environs, sur une étendue de plus de 1,800 mètres, beaucoup de débris de constructions romaines, des échantillons de mosaïques, quatorze à quinze espèces de marbre, dont la plupart proviennent des Pyrénées, des médailles (2,600), des cercueils en pierre, des amphores, des vases rouges, des restes d'un hypocauste très apparent, des salles, etc. Allonnes, sous le rapport historique, est la commune la plus curieuse des environs du Mans.

En 1862, on découvrit à Allonnes deux médailles d'or de facture gauloise. L'une est au type du cheval androcéphale, ailé, courant à droite. La tête, imberbe, tournée à droite, présente un profil grec, une couronne de laurier, une chevelure à mèches courtes et rayonnantes. Devant la figure est une petite flamme symbolique. Au revers, le cheval ailé, à tête humaine, sans barbe, porte un personnage qui tient de la main gauche la tête du cheval et de la droite un fouet au bout duquel pend un étendard carré. Sous les pieds de l'animal lancé au galop est étendu un guerrier dont l'un des bras est armé d'une lance, tandis que l'autre est armé d'un fragment de bouclier.

Les numismates reconnaissent ici la tête d'Apollon imitée des Grecs, et attribuent aux Aulerces-Cénomans les pièces de ce genre que l'on trouve assez souvent dans le département de la Sarthe.

Dans la seconde médaille la tête, tournée à droite, est jeune et gracieuse; au-dessus et autour de cette tête règnent des cordons perlés qui forment des pendants. Au revers se voit le cheval androcéphale sans ailes et courant à gauche. L'étendard est orné d'une frange. Le cavalier imberbe est à chevelure longue comme celle du monstre; il tient d'une main la tige du fouet, et de l'autre une bride lâche partant de la bouche de ce dernier, sous les pieds duquel est renversé, la face contre terre, un personnage. Un objet triangulaire placé entre lui et le cheval a des raies dentelées.

L'église d'Allonnes a été fondée par Hoël, évèque du Mans (1085-1097), et dédiée à saint Martin de Tours; dans la nef, du côté de l'évangile, près le transept nord, on lit cette inscription en lettres gothiques carrées :

CY DAVAT GIST AGUES EN SON VIVAT MÈRE
DE FEU JEHAN PAYEN PBRE CURE D'ALONE LEQUEL
CURE A VOULU ET ORDONE QUE LES CUREZ QUI
LE SUCCEDEROT A TOUZ JOURSMES PRENNENT
SUR UNE MAISON ET TERRES DICELLE NOMEE
MOULLERIE DEPENDANTE DE LA COUSSERIE LA SOME
DE XV S^{18} T ET TROIS S^{18} LA FABRICQUE PAR ANNH
QUE LES Drs CUREZ CHACUN DIMENCHE DE LAN EN
REVENANT DE DONER LEAU BENISTE SE AVRE
STERONT DAVANT LA FOSSE DE SA D^{TE} MERE ET
DIRONT LE RECORDERIS OU SUBVENITE INCLINA
ET FIDELIUM ANOTE EN AYANT MEMOIRE DES
AMES DE SON D^{T} PERE ET MERE DE LUY DE SES AUTS
PARENS ET AMIS TRESPASSEZ ET AVEC CE CELE
BRERA VIGILES ET MESSE V^{E} JOUR DOCTOBRE
AUQUEL JOUR FUT ENSEPULTUREE EN LAN MIL
CCCC.LXXXII. JE PRIE NRE S. Q. PDO LEUR FAC

AMEN.

Autour de cette épitaphe, gravée sur la pierre, règne une bordure de feuilles de chène gracieusement sculptée.

Sur le socle d'une colonne de l'autel Saint-Sébastien, on lit cette inscription :

Me MICHEL
RENARD PRESTRE
CURE D'ALLONNES
A FAIT FAIRE
LE D^t AUTEL
DANS LE MOIS
DE JANVIER 1726.

La porte d'entrée de l'église est remarquable.

C'est dans le bois des Teillais que le roi Charles VI, en 1393, fut atteint de folie en marchant contre le duc de Bretagne.

L'ancien château de Chahoué fut brûlé au xve siècle par les Anglais. Les seigneurs de ce manoir avaient droit de pêche et de couleuvrine. La pêche dans la rivière se faisait tous les ans, le jour de la Trinité, par deux vassaux qu'il autorisait et qui devaient ensuite rompre quatre lances sur un poteau placé dans la Sarthe ; le seigneur donnait à chacun de ces deux vassaux 1 pain de 6 livres, 2 bouteilles de vin, 2 livres de lard et quelques pièces de monnaie. Ce droit fut aboli en 1785.

C'est à Allonnes que s'est réunie la première colonne des chouans, commandée par M. de Bourmont, qui entra au Mans le 16 octobre 1799.

Yvré-l'Évêque, à 7 kilomètres du Mans. — Population : 2,334 habitants. — L'église, du style ogival primitif, n'a de curieux que ses épais contreforts ; elle est dédiée à saint Germain.

L'ancien et magnifique château des évêques du

Mans fut pillé vers 1031, détruit par les Anglais au
XIV° siècle, reconstruit peu de temps après et démoli
presque en entier depuis la République ; ce qu'il en
reste est sans intérêt. Henri IV logea dans ce château en 1589.

Le seigneur du château de Vaux était un des
sept vassaux chargés d'assister les évêques du Mans
dans leur intronisation et de « trancher les vian-
des au dîner, pourquoi l'évêque lui donne les couteaux dont il se sera servi à cet effet. »

Auvours est une très belle maison de construction moderne ; cette propriété a appartenu aux
familles Isambart-Cailleau (1776), de Feron (1789),
Richer de Beauchamp, de Vennevelles, d'Audigné.
En 1394, le seigneur d'Auvours était tenu de faire
huit jours de garde au château de Touvoie.

1871. — Le plateau d'Auvours, qui forma à la
bataille du Mans, le centre des opérations militaires, est situé sur la rive gauche de l'Huisne, entre
Yvré-l'Évêque et Champagné. C'est vers cette position stratégique de la plus haute importance que
tendirent tous les efforts de l'ennemi dans la journée du 11 janvier. Si ce centre venait à être enfoncé, la bataille était perdue et Le Mans qui, par
sa configuration et ses fortifications naturelles, sem-
blait imprenable, allait subir, comme tant d'autres
villes, les horreurs de l'invasion. Aussi fallait-il, à
tout prix, s'y maintenir, et c'était l'ordre exprès du
général Gougeard qui était chargé de défendre
cette position avec une division du 21° corps. Il
était protégé par le coteau du Luart et les buttes de
la Croix qui dominent la vallée de l'Huisne et se
reliait avec l'aile droite, commandée par le géné-

ral Pâris, et l'aile gauche sous le commandement de l'amiral Jauréguiberry.

Mais pendant que le 3ᵉ corps prussien était chassé du château des Arches, la brigade Bell était obligée d'abandonner le village de Champagné après l'avoir défendu avec un courage héroïque, et après avoir perdu son colonel et M. de Trégomeun, commandant du bataillon de Saint-Nazaire.

Les Prussiens occupaient Champagné, et de là au plateau d'Auvours il n'y avait qu'un pas. Le 9ᵉ corps prussien, qui formait la réserve du 3ᵉ corps, s'avança alors hardiment sur le plateau pour écraser la division Pâris. Devant des forces aussi imposantes, l'aile droite se replia en débandade vers Yvré-l'Évêque. En présence de ce désordre, le général Gougeard, jugeant la gravité de la situation, réunit à la hâte un bataillon d'infanterie, les mobilisés de Rennes, un bataillon de mobilisés de Nantes et les zouaves pontificaux. Aussitôt, à la tête de son état-major, il adressa ces paroles aux volontaires de l'Ouest qui étaient en première ligne : *Allons, messieurs, en avant pour Dieu et la patrie, le salut de l'armée l'exige !* La colonne s'élança pleine d'ardeur et, à vingt pas seulement de l'ennemi, s'engagea une lutte terrible, pendant qu'un bataillon du 10ᵉ chasseurs, qui était resté à son poste sur les pentes du plateau, nous secondait vaillamment. La lutte fut sanglante et acharnée, et combien de zouaves tombèrent mortellement frappés !

Mais la position était enlevée, le plateau était aux zouaves, et l'ennemi reculait déconcerté devant ce haut fait d'armes dans lequel s'accomplirent tant de traits de bravoure admirables.

La belle conduite du général Gougeard fut récompensée comme elle méritait de l'être, car il reçut du général Chanzy, commandant en chef de l'armée de la Loire, la croix de commandeur de la Légion d'honneur.

Mais ce sacrifice ne devait, hélas! que reculer le moment de notre dernier désastre, puisque bientôt la prise du Tertre-Rouge et de la Tuilerie allait forcer d'abandonner le plateau d'Auvours. Dès lors, c'en était fait de la ville, elle était au pouvoir de l'ennemi (1).

Après le sanglant combat d'Auvours, qui avait préservé l'armée d'un désastre épouvantable, il appartenait à des hommes de cœur et au pays reconnaissant d'élever, à la mémoire de ces héros qui avaient si noblement versé leur sang pour la défense de notre ville, un monument commémoratif sur le lieu même du combat et au milieu de ces tombes que l'on découvre dans les environs et qui sont autant de témoignages particuliers rendus à la bravoure de nos soldats. L'initiative en est due à Mgr Fillion, évêque du Mans, qui, de concert avec Mgr l'évêque de Saint-Brieuc, et M. le baron de Laborde, maire d'Yvré-l'Évêque, et grâce aux offrandes reçues par eux, ont fait élever à Auvours, sur le terrain offert par M. le comte d'Andigné de Resteau, maire de Maigné et ancien membre du Conseil général de la Sarthe, ce monument qui enseignera aux générations futures que là reposent les hommes d'élite qui se sont sacrifiés pour la défense de la patrie.

(1) Nous avons puisé ces renseignements dans les divers ouvrages qui ont été récemment publiés.

Ce monument se compose d'une pyramide quadrangulaire en pierre de granit de Brest ; sa hauteur est d'environ treize mètres; la pyramide est terminée par une croix latine. Dans les fondations se trouve une crypte où sont déposés depuis le 15 décembre 1873, les restes des glorieuses victimes qui sont tombées sur ce champ de bataille.

L'architecte est M. Henri Maréchal, l'auteur du projet adopté, qui a dirigé lui-même l'exécution des travaux confiés à M. Omnès, tailleur de granit à Kersauton (Finistère), à M. Pichard fils, entrepreneur, et à M. Jouin, graveur, sous la surveillance de M. Bariller, conducteur des ponts et chaussées au Mans.

Sur les quatre façades de la pyramide, on lit les inscriptions suivantes :

Façade d'Yvré-l'Évêque :

DIEU ET PATRIE
AUX SOLDATS TOMBÉS DANS LA BATAILLE DU MANS
JANVIER 1871

Façade d'Auvours :

COMBAT D'AUVOURS
11 JANVIER 1871

Sur la façade droite :

ÆRE COMMUNE CONCIVES POSUERE MONUMENTUM

Sur la quatrième façade :

INCLYTI SUPER MONTES TUOS INTERFECTI SUNT
QUOMODO CECIDERUNT FORTES ? (II *Reg.* 1.)

Au-dessus des sarcophages :

R. I. P.
REQUIESCANT IN PACE.

Nous avons entendu une critique sur les inscriptions du monument, et, comme elle nous a semblé assez juste, nous croyons devoir la rappeler ici. On se plaignait de ne pas voir sur les façades le nom des corps d'armée, régiments, bataillons et batteries qui avaient pris part non-seulement à l'engagement d'Auvours, mais encore à tous les combats qui se sont livrés lors de la prise du Mans, dans les communes et villages circonvoisins; ces inscriptions eussent ajouté un intérêt de plus au monument et offert un témoignage plus éclatant à tous ceux qui étaient si dignes de notre reconnaissance et de notre souvenir.

Le 14 avril 1874, le monument d'Auvours fut bénit en présence d'une foule considérable par Mgr David qui prononça, au milieu du recueillement général, un long discours où il développa cette grande pensée : que le sentiment religieux uni à l'amour de la patrie enfante des héros.

M. le baron de Laborde, maire d'Yvré-l'Évêque, prononça ensuite un discours où la grandeur d'âme ne le cédait en rien au patriotisme.

Le général Gougeard, qui prit alors la parole, ne dit que quelques mots, remerciant tous les héros de tous les régiments qui l'avaient si vaillamment secondé.

Presque partout où les armées françaises ont combattu, des monuments rappellent les faits d'armes qui ont soutenu l'honneur national.

XXX

*Arrivée des Prussiens sur la place des Halles, le
12 janvier 1871.*

Nous ne pouvons mieux faire que de citer les
principaux passages de la lettre écrite le 18 janvier
1871, par M. Chanloup, au *Moniteur universel* :

« Le 11 janvier, les meilleures nouvelles circulaient
en ville. On disait que notre armée avait conservé
ses positions, et même que l'amiral Jauréguiberry
avait refoulé l'ennemi. Tout cela était parfaitement
vrai, mais malheureusement, pendant la nuit, une
panique incompréhensible se mit dans les rangs de
la garde nationale mobile des départements bre-
tons, qui occupait les avant-postes et les hauteurs,
de sorte que les Prussiens tournèrent l'armée française et s'emparèrent des positions qu'elle occupait.

« Vers sept heures du matin, le général Chanzy
averti de cette fâcheuse nouvelle par l'amiral Jauréguiberry, donna l'ordre de battre en retraite.
Immédiatement, on évacua tout le matériel de la
gare, et on fit monter dans les wagons une grande
partie de la garde mobile, les troupes de lignes et
les francs-tireurs devant protéger la retraite. Le
général Chanzy et son état-major partirent vers
midi.

• Jusqu'à ce moment, la retraite s'effectua en très
bon ordre, nos tirailleurs ripostaient vivement au
feu de l'ennemi qui poursuivait notre armée, et
s'avançait en toute hâte sur Le Mans.

« Le général Chanzy avait envoyé l'ordre de faire sauter à midi, le pont qui se trouve sur l'Huisne, à l'entrée du bourg de Pontlieue. Malheureusement ce pont n'avait pas été miné convenablement, de sorte qu'il fut impossible d'y parvenir, et que l'on put à peine arriver à détruire le parapet. Au même instant, une colonne d'infanterie prussienne se montrait sur la grande route de Tours, à environ deux cents mètres du pont, et commençait un feu de peloton des plus vifs sur les convois et sur les gendarmes et les mobiles qui les escortaient. Ceux-ci ripostèrent; mais, en quelques minutes, l'ennemi se répandit dans toutes les rues du faubourg de Pontlieue. Une autre colonne prussienne s'engageait en même temps sur la ligne du chemin de fer, et s'emparait de la gare et d'un train d'environ quinze wagons, qui était sur le point de partir pour Laval. Je me trouvais à la gare dans ce moment, du côté du départ. J'ai essuyé une fusillade terrible : un garde national qui était en faction à la porte principale a été tué à nos côtés. La foule était assez nombreuse dans la grande rue qui longe la gare; mais j'ai dû prendre la fuite pour éviter la mort.

« Je me jetai dans les petites rues qui viennent déboucher dans celle du Bourg-d'Anguy, et enfin j'arrivai près de la préfecture. Les Prussiens l'occupaient déjà. De tous côtés, des coups de fusil, des gens qui fuyaient: Toutes les maisons se fermaient, on calfeutrait les fenêtres. Je cherchais une maison hospitalière pour m'y réfugier : toutes les portes restaient impitoyablement closes. Enfin, j'arrivai au coin de la rue des Minimes et de la place des Halles, devant le café de l'*Europe*, tenu par M. Mermier. La porte était ouverte, j'entrai précipitamment. M. Mermier m'invita à monter à l'étage le plus élevé, quant à lui, il resta dans la salle du rez-de-chaussée; il ne voulait pas fermer sa maison craignant de s'exposer à être incendié ou tout au moins pillé.

« A peine étais-je monté dans les combles de la maison de M. Mermier, que les Prussiens débouchaient sur la place par toutes les rues qui y aboutissent. Cette place, comme du reste la ville entière, était encombrée par des charrettes portant les vivres de notre armée. A l'approche des Prussiens, les convoyeurs s'étaient enfuis, il ne restait plus que les gendarmes et les mobiles formant l'escorte. Ces derniers firent feu sur l'ennemi, qui riposta aussitôt. Placé derrière une des croisées de la maison où je m'étais réfugié, il me fut donné de suivre le combat dans ses détails. Nos gendarmes, abandonnés bientôt par les mobiles, n'en continuèrent pas moins à tirer sur les Prussiens, mais accablés par le nombre, ils durent se rendre après avoir tué huit soldats ennemis. Presque tous les chevaux qui traînaient les charrettes étaient déjà tombés criblés de balles.

« A quatre heures, la place des Halles était au pouvoir des Prussiens qui mettaient un poste nombreux à l'entrée de toutes ces rues. Alors ils forcèrent les portes des maisons, et commencèrent à se répandre dans tous les hôtels et cafés de la place. La maison de M. Mermier, qui, comme je vous l'ai dit, était restée ouverte, fut envahie la première. En quelques minutes, le café fut mis au pillage : toutes les bouteilles contenant des liqueurs furent vidées en un clin d'œil; une fois échauffés, ces soldats se mirent

à briser les glaces à coups de crosse de fusil. Non
contents de cela, ils se répandirent dans toutes les
chambres de la maison, et volèrent sous nos yeux
la montre de M. Mermier, ainsi que des couvertures,
des draps de lit et jusqu'à des vêtements de femme.
Les autres établissements publics de la place des
Halles eurent le même sort. Celui qui a eu le plus à
souffrir est le Casino lyrique.

« Cependant, la fusillade continuait, terrible, me-
naçante, dans tous les quartiers de la ville. Tantôt
on entendait des feux de peloton, tantôt des feux à
volonté.

« Les personnes qui se trouvaient avec moi di-
saient qu'on allait brûler la ville ; je cherchais à les
rassurer.

« Soudain, à cinq heures et demie, trois coups de
canon retentissent à intervalles réguliers de deux
minutes. On se figure que la ville va être bombar-
dée. Mais heureusement il n'en est rien ; et, au
contraire, c'est le signal de cesser le feu. La fusillade
devient plus faible, et au bout de dix minutes s'é-
teint complètement. La ville est prise ; les soldats
français qui y sont restent prisonniers.

« Un instant après le tambour retentit, et la voix
nasillarde du crieur public annonce aux habitants
qu'ils auront à loger et à nourrir convenablement
les soldats de l'armée allemande, et que quiconque
se rendra coupable envers l'un d'eux d'un acte
d'hostilité sera puni de mort. Cet ordre du jour
porte la signature du général von Voight Rheitz.
C'est là le nom du nouveau commandant de la
place du Mans.

« Vers six heures, je rentrai à l'hôtel de la *Boule*

d'or, où j'étais descendu en arrivant au Mans. J'y trouvai installés quatre généraux et leur état-major. Ces messieurs me firent signifier, ainsi qu'à tous les voyageurs qui se trouvaient dans l'hôtel, qu'il était défendu d'entrer dans les salles à manger, qu'ils réservaient toutes pour eux, et que, d'ici deux jours, il fallait que tous les civils évacuassent l'hôtel.

« Il n'y avait rien à répondre, c'est le parti que tout le monde prit. Du reste, pour ma part, je n'avais pas trop à me plaindre; en entrant à Metz, les mêmes généraux nous avaient chassés immédiatement de tous les hôtels de la ville.

« Je sortis le lendemain matin à la pointe du jour. Les rues étaient jonchées d'armes brisées, de fusils de tous les systèmes. dont beaucoup de chassepots et de remingtons. Les soldats prussiens pillaient les charrettes de l'armée dont ils s'étaient emparés la veille; prenaient tout ce qui était à leur convenance et jetaient le reste. Je suis sûr qu'il s'est perdu ainsi plus de deux mille kilogrammes de pain de munition. J'ai compté près de deux cents chevaux morts, qui n'avaient pas encore été enlevés au moment de mon départ.

« Mais ce que j'ai vu de plus triste, ce sont les cadavres des malheureux tués dans les rues de la ville. A côté d'un brigadier de gendarmerie et d'un simple gendarme, gisait une malheureuse servante atteinte d'une balle dans la gorge, plus loin, c'était un Prussien frappé au bas-ventre; ici un pauvre mobile dont la main crispée serrait encore le canon de son fusil; là-bas un convoyeur dont le visage n'était plus qu'une plaie, et qui blessé à la jambe droite, avait été écrasé sous les roues des charrettes.

« Parmi les morts, j'ai retrouvé M. Eugène Lecomte, chef de section de l'administration des ponts et chaussées, et attaché en cette qualité à l'armée de Chanzy. Il avait été frappé de sept balles, dont cinq dans la poitrine et deux dans le bras gauche. La mort a dû être instantanée. J'avais fait sa connaissance quelques jours auparavant. C'était un homme de beaucoup de mérite et très estimé de tous ceux qui le connaissaient. Sa mort m'a bien douloureusement impressionné.

« Je ne veux pas m'appesantir davantage sur ce tableau hideux, je me contenterai de vous dire qu'on peut estimer à cent cinquante environ le nombre des personnes tuées dans les rues du Mans. L'ennemi y a perdu trente-sept hommes, et nous une soixantaine de mobiles ou de soldats de ligne et sept gendarmes. Les autres victimes sont étrangères aux deux armées.

« Pendant toute la journée du 13, les boutiques ont été dévalisées par les Prussiens, qui n'ont absolument rien laissé dans celles où ils sont entrés. Les cordonniers, les marchands de nouveautés, de mercerie ou de gants sont ceux qui ont eu le plus à souffrir. Le magasin de chaussures de M. Collet, rue Dumas, a été complètement vidé devant moi, par les soldats qui faisaient queue à la porte, attendant leur tour d'entrer.

« A l'hôtel de la *Boule d'or*, ils ont, sous les yeux de leurs généraux, enfoncé toutes les caisses et malles qu'ils ont trouvées. Je n'oserais pas affirmer que leurs officiers n'ont pas un peu profité de ce vol éhonté.

« Le même jour, le prince Frédéric-Charles a fait son entrée au Mans, et s'est installé à l'hôtel de la Préfecture, où il s'est fait héberger lui et les siens aux frais de la municipalité.

« Le lendemain, la ville a été frappée d'une amende de 250,000 fr., sous prétexte que des particuliers avaient tiré sur les troupes allemandes; cette somme a été payée immédiatement. Le général von Voight Rheitz a fixé à *quatre millions* la contribution qui sera ultérieurement levée sur la ville. Cette somme représente près de trois ans des revenus du Mans !...

« Le 14 au soir, M. von Voight Rheitz donna l'ordre d'arrêter tous les journalistes du Mans. Quelques instants après, M. Petit, de l'*Union de la Sarthe*, et MM. Champion et Duchêne, de la *Sarthe*, étaient incarcérés. Presque au même instant, je me présentais au bureau de la place pour y demander un sauf-conduit, afin d'aller rejoindre l'armée française. Le major de service me demanda ma profession : j'eus la naïveté de lui répondre que j'étais journaliste et correspondant du *Moniteur universel*. — « En ce cas, me dit-il gracieusement, vous êtes prisonnier » — Et sans autre explication, il me fit conduire à la caserne de la Mission.

« Là, on me déposa dans un corps de garde, en compagnie d'un tas de soldats plus ou moins échauffés. J'y restai jusqu'à la nuit. A ce moment, un officier entra et me demanda où se trouvait la préfecture. Je lui donnai des indications très embrouillées. Nécessairement, il n'y comprit rien, et alors il se décida à m'amener avec lui pour le conduire Nous fîmes route ensemble jusqu'à la préfecture. J'ai ha-

bité le Mans quelque temps, et je connais assez bien
tous les édifices publics. La préfecture a deux issues.
Pendant que l'officier s'occupait de ses affaires, et
me perdait de vue un instant, j'enfilai lestement un
corridor et gagnai le jardin qui donne sur la route
du quartier de cavalerie. Escalader la grille, qui
était fermée, ne fut pas chose longue, et... je cours
encore.

« A une lieue de la ville, je rencontrai un officier
supérieur de l'armée, évadé aussi. Nous fîmes route
ensemble jusqu'à Tours.

« En route, nous avons trouvé tous les villages,
toutes les fermes où les Prussiens ont passé, entièrement ravagés. »

Nous croyons devoir compléter ce récit par les
passages ci-après du rapport de M. Richard, maire
du Mans, relatif aux démarches de l'administration
municipale auprès des autorités allemandes pendant
les premiers jours de l'invasion :

« Il était trois heures du soir, 12 janvier : le conseil
municipal et l'administration étaient en permanence
à l'Hôtel de ville, lorsque nous entendîmes tout à
coup autour de nous une vive fusillade. Nous nous
précipitâmes hors de la mairie pour la faire cesser.
Tandis que MM. Vétillart et Durand se dirigeaient
au milieu des balles, qui sifflaient de toutes parts,
vers le centre de la ville, M. Desgraviers, entouré
de soldats allemands, s'avançait vers la place des
Jacobins. De mon côté, je me rendais sur la place
du Gué-de-Maulny, lorsqu'un officier prussien se
jeta au-devant de moi et me mit le pistolet sur la
poitrine pour m'obliger à rebrousser chemin.

« Je lui déclinai ma qualité, lui montrai mon écharpe, et essayai de lui faire comprendre que je voulais être conduit auprès du général en chef de l'armée d'invasion. Il hésita un instant, puis, après avoir donné ses ordres aux soldats qui étaient venus nous entourer, m'escorta toujours, le revolver au poing, sur la place des Jacobins, où je retrouvai mes collègues. Nous nous dirigeâmes ensemble vers un détachement de cavalerie qui s'était arrêté à l'entrée de la rue de Tessé.

« J'exposai au commandant le but de ma démarche. Il chargea l'officier d'une compagnie de fantassins qui avait pris position en face du théâtre, de me conduire au général en chef, mais accompagné seulement de M. Desgraviers.

« Nous trouvâmes le général Voight Reitz à la rencontre de la rue du Quartier et de l'avenue de Pontlieue. Il était entouré de tout son état-major et d'un nombreux corps de troupes, qui remplissaient la place de la Mission. Sans attendre que je lui eusse fait connaître le but de ma démarche, il me dit brusquement :

« Vous venez bien tard, Monsieur le Maire, et
« cependant je vous ai envoyé des obus pour vous
« prévenir de mon arrivée dans votre ville. »

« — Je suis venu, lui répondis-je, dès que j'en
« ai eu connaissance. Mais il y a loin d'ici la
« mairie, et pour arriver jusqu'à vous, à travers les
« rues encombrées de troupes et de convois, il
« m'a fallu beaucoup de temps. »

« — Ah ! reprit-il, en élevant la voix, et pen-
« dant ce temps-là, vos habitants assassinent mes
« soldats ; entendez-vous la fusillade ?... La ville

« du Mans payera une contribution de quatre mil-
« lions de francs ; les habitants logeront et nourri-
« ront l'armée, moyennant quoi les personnes et
« les propriétés seront sauvegardées. »

« — Ce ne sont pas, lui répliquai-je, les habi-
« tants de la ville qui tirent sur vos troupes, ce
« sont les soldats français que les vôtres fusillent au
« milieu de nos rues. Quant aux quatre millions
« que vous demandez à la ville, elle ne pourra
« jamais vous les payer. »

« — Il faudra bien cependant qu'elle les paye,
« dans son intérêt et dans le vôtre ; » répondit-il ;
et nous montrant de la main un de ses officiers, il
ajouta : « Prenez maintenant les ordres de M. le
« Major. »

A l'instant même, l'officier qu'il venait de nous
désigner, prenant la parole, nous répéta :

« La ville du Mans payera, dans les quatre-vingts
« heures, quatre millions de francs : les habitants
« logeront et nourriront l'armée pendant toute la
« durée de l'occupation.

« Les munitions, les armes de guerre, les fusils
« de chasse seront immédiatement portés à la
« mairie et livrés aux autorités allemandes. Tout
« acte d'hostilité envers nos troupes sera puni de
« mort, et la maison dans laquelle le fait aura eu
« lieu sera brûlée comme celle dont vous apercevez
« d'ici l'incendie; allez maintenant, et tâchez de
« mettre fin à la lutte qui se continue, sinon la ville.
« et vous en serez responsables. »

« Sur ce, il fit faire un demi-tour à son cheval et
s'éloigna de nous. Il ne nous restait plus qu'à nous

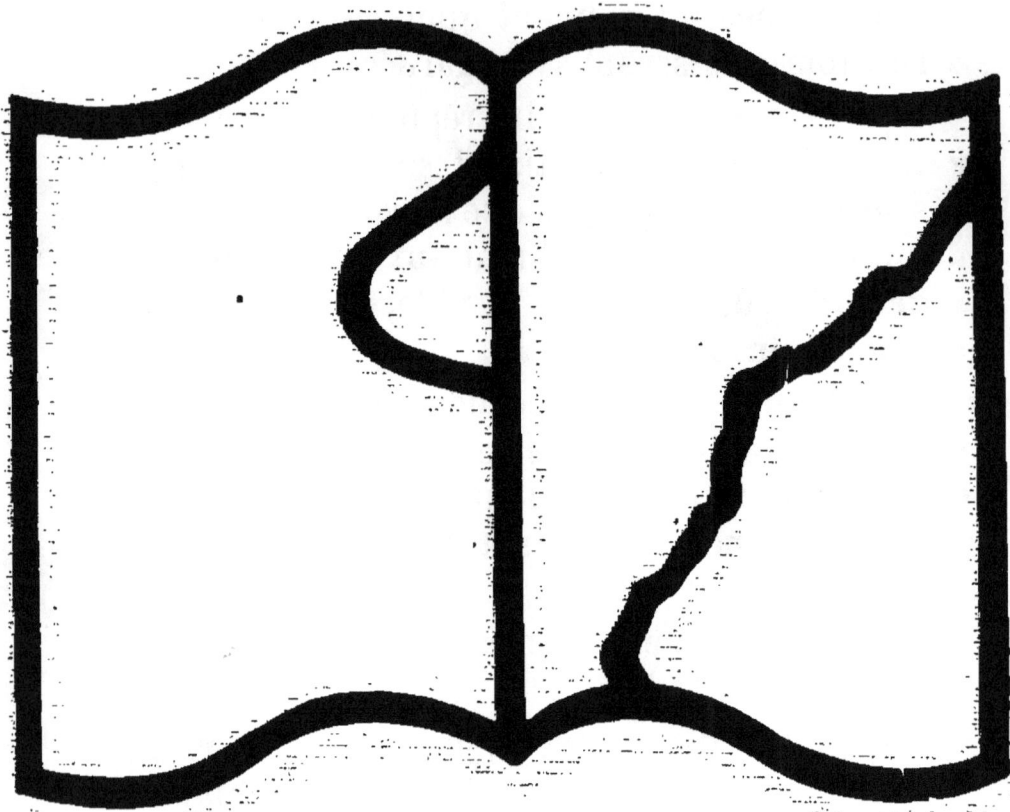

Texte détérioré — reliure défectueuse

NF Z 43-120-11

rendre auprès du Conseil, pour lui faire part de la situation.

« Le Conseil, après nous avoir entendus, ajourna au lendemain pour délibérer sur les mesures à prendre. Je quittai un instant mon cabinet pour aller rassurer ma famille et voir ce qui se passait dans ma maison.

« Une escouade de soldats allemands venait de s'y présenter pour m'y chercher, et ne m'ayant pas trouvé, après avoir pénétré dans tous les appartements, avait contraint ma femme à les conduire *elle-même* à la mairie, où elle leur avait dit que j'étais. Je courus pour les rejoindre. Vis-à-vis chez M. Monnoyer, je fus arrêté par un corps de Prussiens qui me contraignit brutalement à revenir sur mes pas. J'essayai de gagner la mairie par la rue du Pont-Neuf. J'y rencontrai MM. Vétillart et Desgraviers, que les Prussiens amenaient à ma place. Je me joignis à eux. Nous fûmes conduits dans un café situé à l'angle de la rue Basse et de la rue Coëffort; il regorgeait d'officiers allemands, parmi lesquels se trouvait le commandant de la place du Mans qui nous attendait.

« Il nous répéta encore ce que nous avions entendu deux fois de la bouche du général et du major. Il fixa à quarante mille le chiffre des troupes dont les habitants auraient à loger et nourrir les hommes et les chevaux, et régla le menu :

« Pour les officiers, l'ordinaire d'une maison
« riche et bien tenue; pour les soldats, par homme
« et par jour, deux litres de vin, deux livres de
« viande, le café et le pain à discrétion. Il m'or-
« donna de faire allumer le gaz du coucher au

« lever du soleil, afin que ses soldats ne fussent
« pas assassinés dans l'ombre, et me prescrivit de
« venir prendre ses instructions chaque matin à sa
« demeure. »

« Je profitai de mes rapports avec lui pour lui
dire combien les accusations que le général avait
formulées contre les habitants de notre malheureuse
ville étaient mal fondées, et les conditions qu'il lui
avait imposées excessives et inexécutables. Je lui
dis que si les habitants étaient obligés de nourrir
quarante mille hommes pendant seulement quinze
jours, au bout de ce temps l'autorité allemande serait obligée de nourrir les habitants eux-mêmes.
Qu'en effet l'armée française, pendant le long
séjour qu'elle avait fait au Mans, avait affamé la
ville et empêché tout approvisionnement. J'essayai
de lui faire comprendre que si l'on persistait à
nous demander quatre millions de contributions,
je n'essayerais même pas de les chercher, attendu
que j'avais la certitude de ne jamais les trouver
dans un pareil moment. Il parut touché de mes
observations et m'engagea à les exposer au major,
qui logeait près de lui.

« J'allai voir le major. Son accueil fut d'abord
excessivement froid et réservé; toutefois il consentit
à m'entendre. J'avais pour mi la justice, la raison
et un ardent désir d'épargner à notre cité tout au
moins une partie des charges ou des malheurs dont
elle était menacée.

« Je pus croire un instant que j'avais gagné mon
auditeur; il me promit non seulement de plaider
notre cause, mais de me présenter au général,
pour que je la plaidasse moi-même; je le quittai

plein d'espoir , Vingt fois dans la journée, je courus
de la mairie à l'hôtel de *France*, pour rencontrer le
général. Je n'y 7 pus réussir. Le lendemain, je re-
doublai mes dé marches, accompagné de notre dé-
voué collègue, M. Caillaux; enfin, je trouvai le
général et me fi s présenter à lui par M. le Major.
En me voyant e ntrer, il s'avança vers moi en me
disant :

  « Eh bien ! qu est-ce que vous voulez encore,
« Monsieur le Mai e?

  « — Je veux, g inéral, invoquer votre justice en
« faveur de la vi lle dont j'ai l'honneur d'être le
« mandataire.

  « — Vous et votr e ville, me dit-il, vous devez vous
« estimer bien he ureux des conditions qui vous
« ont été faites. Si j'avais su tout d'abord ce que
« j'ai appris depuis , ces conditions eussent été bien
« autrement sévèr es. C'est vous et vos habitants
« qui avez préparé dans vos murs la résistance in-
« sensée, par suite de laquelle plus de cent de mes
« hommes ont pér i. Il faut un exemple; il faut
« que toutes les vill es qui seraient tentées de vous
« imiter sachent bie n ce qui leur en coûtera. »

  « Je protestai éne rgiquement. J'invoquai les bons
offices et les prome sses du major. Il intervint en
effet, mais ce fut pour accentuer avec plus de
dureté le langage de son général.

  « Il ne me restai t plus qu'un parti à prendre :
j'écrivis au prince Frédéric-Charles, qui venait de
s'installer à la Préfec ture, pour lui demander une
audience. Je priai Mgr l'Evêque, qui nous avait
offert spontanément ses bons offices, d'intercéder
pour nous. Le prince nous fit répondre à l'un et à

l'autre par le comte d'Arnim, son aide de camp, qu'il ne pouvait nous recevoir pour discuter à nouveau ce qui paraissait irrévocablement arrêté.

« Je fis part au Conseil municipal de ces divers incidents. Il décida que j'adresserais un mémoire au prince Frédéric-Charles, pour lui faire connaître la vérité; le lendemain, je signai ce mémoire, que MM. Caillaux et Gadois avaient bien voulu préparer.

« A ce moment, la fièvre, qui ne m'avait pas quitté depuis six semaines, redoubla d'intensité, et la variole, qui se déclara presque aussitô', m'obligea à demeurer étranger aux négociations suivies par mes collègues avec l'autorité allemande, et qui ont eu pour résultat de faire réduire la contribution de guerre, et d'alléger les charges du logement et de la nourriture des troupes. »

XXXI

Industries agricole et manufacturière, Beaux-arts, etc.

Principales maisons du Mans.

MM. *Charlot.* — Charrues, rouleaux, batteurs, machines à battre.
Juliard. — Bascules.
Silger. — Instruments agricoles.
Martin, Chappée. — Moulages.
Bollée. — Fonderie de cloches, béliers hydrauliques, voitures à vapeur routières.
Hérisson, Benoît. — Chaudières à vapeur.
Lafin. — Produits de la dolomie.

Pellier frères. — Conserves alimentaires.

Compagnie industrielle de la Sarthe, Bary jeune, Revélière, Hervé. — Toiles, sacs, corderies.

Durand. — Tannerie.

Renou, Brière, Foucher et Carrel, Barrier. — Scieries de bois.

Monnoyer, Leguicheux-Gallienne. — Imprimeries et librairies.

Jamin et Leroux. — Minoterie.

Blottière. — Sculpture sur bois.

Cosnard et Gaullier. — Sculpture sur pierre.

Hucher et Rathouis. — Peinture sur verre.

FIN.

TABLE

A LA MÊME LIBRAIRIE

Vie de saint Ménelé, avec un abrégé de la vie de saint Savinien, ses reliques, son culte, par l'abbé L. Persigan, chanoine du Mans, brochure in-18. . . . . . 1 fr.

Notre-Dame du Chêne, par le R. P. dom Paul Piolin, 1 vol. in-32, 6ᵉ édition . . . . 60 c.

Vie et culte de saint Gilles, honoré dans le diocèse du Mans, 1 vol. in-18. . . . . 60 c.

Note sur les origines historiques des Eglises des Gaules et spécialement sur la mission de saint Julien, par P. Lemoine, brochure in-8º. . . . . 50 c.

Bénédiction et Intronisation de la première abbesse de l'abbaye de Sainte-Cécile de Solesmes, par A. G.-D., brochure in-8º. . . . . 50 c.

Etude sur la vie et les ouvrages du T. R. P. dom Guéranger, abbé de Solesmes, par l'abbé F. Pichon, secrétaire de l'Évêché, brochure in-8º . . . . . 50 c.

Notice sur le Grez, Saint-Georges-Buttavent, La Chapelle-au-Riboul, par M. Bernard, ancien notaire, 1 vol. in-8º. . . . . 2 fr.

Que devons-nous à l'Eglise et à la Révolution, par le R. P. Clair, brochure in-8º . . . . 50 c.

Histoire de la Vie des Saints qui se sont sanctifiés dans le Maine et l'Anjou, par l'abbé Guillois, 3 vol. in-12, *épuisé.*

Mémoires de Le Prince d'Ardenay, par l'abbé G. Esnault, pro-secrétaire de l'Évêché, 1 v. in-8, *sous presse.*

Les Séminaires du Mans, par l'abbé F. Pichon, secrétaire de l'Évêché, 1 vol. in-8º, *sous presse.*

Question d'origine : Les Sculptures de l'église abbatiale de Saint-Pierre de Solesmes, par le R. P. dom Paul Piolin, 1 vol. in-8º, *sous presse.*

Note à propos d'un Mémoire sur l'évangélisation des Gaules et spécialement sur la mission de saint Julien, par le P. Marin de Boylesve, S. J. . . . . . 20 c.

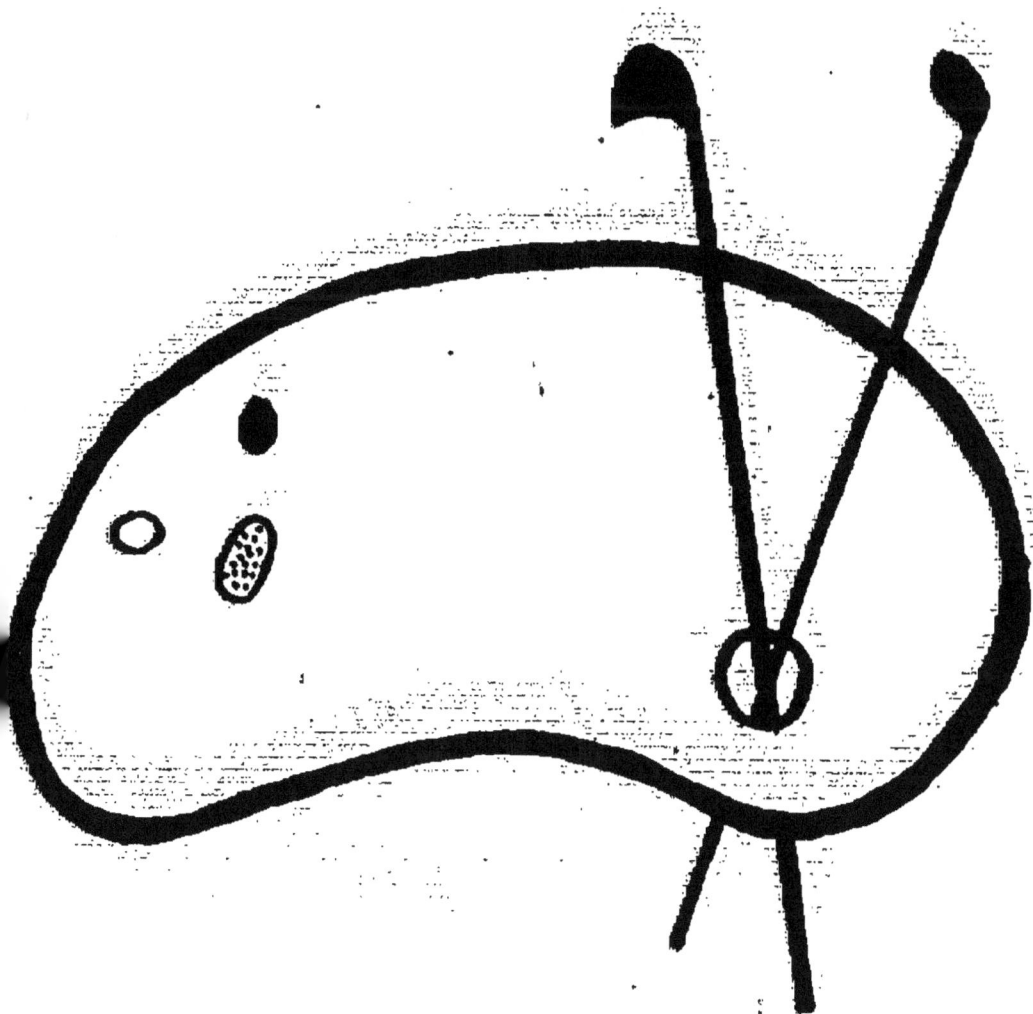

ORIGINAL EN COULEUR
NF Z 43-120-8

www.ingramcontent.com/pod-product-compliance
Lightning Source LLC
Chambersburg PA
CBHW072103090426
42739CB00012B/2848